Frank Steinkopf

Linkshänder

Die 20 meistgestellten Fragen

... und hilfreiche Antworten,
wie Sie Linkshändigkeit
erkennen, fördern und
für Ihre Lebensqualität
nutzen!

Verlag Left Hander's World

ISBN 978-3-9813873-0-8

1. Auflage August 2010
Text-Redaktion und Lektorat: Jörg Poedtke, www.ideenpoet.de

Umschlagsgestaltung: Michael Oestreicher, www.medienverlag.sh
Foto für Titelseite: Martin Liebmann
Layout und Satz: Design on Location, www.designonlocation.de
Druck: Druckerei Himmer AG

Verlag Left Hander's World
Markt 35 · 25746 Heide
Tel.: +49 (0)481-683 750 60
Fax: +49 (0)481-683 55 99
info@Left-Handers-World.com
www.Left-Handers-World.com

Vorwort

Liebe Leserin, lieber Leser,

heute darf ich Sie zu einem außergewöhnlichen Thema begrüßen. Linkshänder!
Ja, Sie haben richtig gelesen: Linkshänder! Äußerlich erkennen wir sie leicht
beim Schreiben, Werfen, Essen oder wenn sie Gitarre spielen. Die vielen Tätig-
keiten mit der linken Hand oder dem linken Fuß sind dabei nur die Spitze des
Eisberges. Das Thema Linkshänder umfasst jedoch viel, viel mehr. Ich möchte
Ihnen vier Fragen stellen:

1. Können Sie sich vorstellen, dass Linkshändigkeit ein außergewöhnliches Thema ist?

Hier einige Zitate von Menschen, die erstmals umfangreiche Kenntnisse zur
Linkshändigkeit bekamen: „Ich hätte nicht geglaubt, dass unsere Unwissenheit
so groß ist"; „Das Thema Linkshänder sehe ich nun mit völlig neuen Augen";
„Das ist sozialer Zündstoff"; „Jetzt verstehe ich mein linkshändiges Kind erstmals richtig"; „In meiner Familie gibt es nicht einen Linkshänder, so dachte ich
noch vor einigen Wochen. Heute sehe ich das völlig anders."
  Mit diesem Buch darf ich Sie einladen, sich Ihr eigenes Bild zu machen.

2. Können Sie sich vorstellen, dass das Thema Linkshänder jeden zweiten von uns ganz direkt und persönlich betrifft?

Damit meine ich nicht einfach, dass Sie einen Linkshänder im Bekanntenkreis,
im Sportverein haben oder dass Sie einen Musiker, Schauspieler toll finden. Ich
meine Ihre gesundheitliche Entwicklung, Ihren schulischen Werdegang und wie
Sie Ihr Leistungsvermögen ausschöpfen. Auch meine ich die Beziehungen in
Ihrer Familie und die Entwicklung der Kinder. Sie selbst sind von wichtigen
Bezugspersonen geprägt worden und beeinflussen wiederum sehr stark Ihre eigenen Kinder, Ihren Lebenspartner und andere Ihnen nahestehende Menschen.

3. Halten Sie es für möglich, dass bis zum heutigen Tag jedes dritte Kind auf seine schwächere rechte Hand umgestellt bzw. umgeschult wird?

Sie werden jetzt vielleicht protestieren: „Aber das macht doch heute keiner
mehr!" Die meisten denken dabei an die althergebrachten Methoden der gewaltsamen Umstellung. Das geschah zum Beispiel mit Schlägen auf die „falsche"
linke Hand oder durch das übliche Wegbinden der unerwünschten Schreibhand

in der Schule. Diejenigen, die bis Ende der 70er Jahre zur Schule gingen, haben die körperliche Gewalt nicht selten beobachten oder gar am eigenen Leib miterleben müssen.

Sollten Sie jetzt sagen: „Nun gut, gewaltsame Umschulung gehört der Vergangenheit an, das ist einige Jahrzehnte her. Deshalb darf ich mich zurücklehnen". Dann habe ich für Sie eine schlechte Nachricht: Es gibt noch drei weitere Formen der Umschulung. Sie sind besonders tückisch, denn es sind die Geheimformen der Umschulung wie zum Beispiel die sanfte Umschulung. Diese wirken unbemerkt und schleichend! Bis heute und ganz bestimmt noch 100 Jahre lang, wenn sie nicht deutlich mehr Menschen als solche erkennen. Der Betroffene selbst bemerkt nicht einmal seine Umschulung. Die meisten Erwachsenen um ihn herum ebenfalls nicht. Das ist deshalb möglich, weil die Geheimformen der Umschulung bis heute kaum bekannt sind. Selbst Kindergärtnerinnen und Lehrer zucken meistens mit den Schultern. Und nun die gute Nachricht: Wer die drei Geheimformen der Umschulung kennt und danach handelt, kann Umschulung verhindern. Deshalb werde ich in Kapitel 5 ausführlich auf die Geheimformen der Umschulung eingehen.

4. Ist es schlimm, wenn ein Kind oder ein Erwachsener umgeschulter Linkshänder ist?

Fast immer wissen Erwachsene es nicht oder mögen es nicht glauben: Der umgeschulte Linkshänder wird in seinem weiteren Leben die drei- bis zehnfache Lebensenergie brauchen.

Oft kämpft bereits der Nachwuchs mit seiner Schrift, der Konzentration, mit Blackouts, mit Lese-, Rechtschreib- oder Rechenproblemen, kann die Seiten links und rechts nicht auseinanderhalten. Aus diesen Schwierigkeiten ergeben sich natürlich neue Probleme, mit denen der umgeschulte Linkshänder tagein tagaus zu kämpfen hat. Manch ein Erwachsener konnte nie eine Antwort finden, warum er alle diese Probleme hatte oder noch hat. Oft denkt und fühlt er: „Ob Ausbildung, Job, Freizeit oder Familie: eigentlich habe ich viel mehr drauf".

Wieso kann nun gerade ich die 20 meistgestellten Fragen für Linkshänder beantworten und ihnen mehr Lebensqualität vermitteln?

Lassen Sie mich dazu aus meinem beruflichen Werdegang erzählen. Aus meinem Pädagogikstudium für die Fächer Sport und Biologie nahm ich eine wichtige Information mit: Linkshänder müssen Linkshänder bleiben! Im Leistungssport hatte man längst entdeckt, dass ansonsten mit Leistungseinbrüchen zu rechnen sei; der Sportler hätte keine Chance auf die 3 Medaillenplätze, sondern würde nur den undankbaren vierten, fünften oder sechsten Platz erreichen. Von diesem Wissen profitierte als erste meine Tochter, denn sie ist Linkshänder.

In den folgenden 10 Jahren als Sportlehrer hatten es die Linkshänder bei mir gut. Techniken wie Werfen, Radschlagen und Hochsprung wurden in meinem Unterricht rechts wie links gezeigt. Dennoch begann der direkte Weg zum Thema Linkshänder später. Anfang der 90er Jahre begann meine Arbeit als Legasthenie-Therapeut. Bei meinen Schülern mit heftigen Lese- und Rechtschreibproblemen blieb meistens eine Frage unbeantwortet: Sind sie nun Links- oder Rechtshänder? Von den Eltern wusste ich, dass ihr Kind früher viel im Handgebrauch gewechselt hat. Ob es nun ein Links- oder Rechtshänder war, konnten sie nicht sagen. Das Kind hatte sich dann selbst für seine Hand entschieden und schrieb seitdem mit der rechten Hand. Die Schrift war oft die reine Katastrophe, selbst bei sehr guten Sportlern. Nichts ahnend begann ich, mich intensiver mit dem Thema Links- und Rechtshänder zu beschäftigen.

Als Erstes musste ich die Erkenntnis verdauen, welch gewaltiges Thema ich hiermit angepackt hatte. Der „Schock" hielt ungefähr drei Monate an. Mir wurde klar, wie tiefgreifend das Thema „Linkshänder" besonders in die Bereiche Lernen, Schreiben, Arbeitsgeräte, ja sogar in Bereiche wie Gesundheit und Partnerschaft eingreift. Damals schätzte man den Anteil der Linkshänder in der Bevölkerung auf fünf Prozent. Das waren in Deutschland immerhin vier Millionen Menschen. Für sie gab es so gut wie kein Geschäft mit Materialien und Gebrauchsgegenständen. Auch war es für Interessierte sehr schwer, qualifizierte Angebote für Beratung, Testung und Rückschulung zu finden. Glücklicherweise war es schon damals möglich, auf beachtliche Fachliteratur zurückzugreifen. Immer mehr faszinierte mich der Gedanke, „Alles für Linkshänder" bereitzustellen: Beratung, Vorträge, Testung, Rückschulung und Gebrauchsgegenstände.

Bis heute hat sich mein Staunen über die Zusammenhänge und die Auswirkungen dieses Themas im Alltag erhalten. Von vielen anderen Menschen weiß ich, dass es ihnen ähnlich ergeht.

Freunde und Bekannte haben mich in letzter Zeit regelrecht gedrängt, meine Erfahrungen und Erkenntnisse niederzuschreiben und einer breiten Leserschaft zugänglich zu machen. Ihre beiden Hauptargumente: Ganz viele Menschen besitzen keinerlei Kenntnisse über Links- und Rechtshändigkeit. Sie laufen Gefahr, sich und anderen unbemerkt und unbeabsichtigt zu „schaden", indem eine vorhandene Linkshändigkeit nicht aktiv genutzt wird. Das zweite Argument: Sehr oft ist nur ein ganz geringer Aufwand notwendig, damit ein Linkshänder seine Händigkeit ausleben kann.

Hierzu ein Beispiel. In einer Telefon-Hotline wollte ein Vater wissen: „Mein Sohn ist 2 Jahre alt und macht sehr viel mit links. Soll man es so lassen? In meiner Familie und im Bekanntenkreis gehen die Meinungen weit auseinander." Meine Antwort: „Ja, Linkshänder müssen Linkshänder bleiben, auf keinen Fall umschulen!" Er sagte nur noch mit freudiger Stimme: „Vielen Dank, ich kümmere mich darum" und hatte schon aufgelegt. Das Gespräch dauerte keine Minute, aber die positiven Auswirkungen dauern heute noch an.

In dieses Buch sind über 15 Jahre Arbeit mit Linkshändern eingeflossen. Dazu gehören unzählige Beratungsgespräche, Testungen, Rückschulungen, Vorträge und Seminare, Telefon-Hotlines und Schreiblern-Kurse. Für mich und für viele andere ist das Thema Linkshänder ganz gewiss eine außergewöhnliche Entdeckung. Ich möchte sogar noch weiter gehen und Ihnen sagen: Es gibt das Linkshänder-Wunder. Dieses Wunder möchte ich Ihnen mit diesem Buch näher bringen.

Ich wünsche Ihnen viel Freude mit diesem und viele praktische Erkenntnisse durch dieses Buch.

Mit herzlichen Grüßen

Ihr Frank Steinkopf   Heide, im Juli 2010

Hinweis zu den in den Kapiteln verwendeten Bildern

Jedes Kapitel wird durch ein Bild mit einem aussagekräftigen Zeiger für Linkshändigkeit eingeleitet. Dieser kann nur ein erstes Anzeichen für die starke Körperseite sein.

Die Bilder stehen nicht im Zusammenhang mit dem jeweiligen Kapitel, sondern geben generelle Zeiger für Linkshändigkeit wieder.

BILD NR 1 **Das Auto wird bevorzugt mit der linken Hand geschoben.**

Gibt es den typischen Linkshänder?

Lernen Sie einen typischen Linkshänder kennen: Lena Linke, 16 Jahre alt, Schülerin in der zehnten Klasse eines Gymnasiums.

Sie ist sehr sozial, hat bereits mehrfach die Klassensprecherwahl gewonnen; gerne und selbstverständlich kümmert sie sich um Mitschüler mit Problemen. Dabei vergisst sie sich schon mal selbst.

Bereits als Zehnjährige hat sie ihrer Mutter nach dem Schulunterricht als Erstes von den zwischenmenschlichen Problemen der Mitschüler berichtet. Erst danach kommt von ihr: „Fast hätte ich es vergessen Mama, die Mathematikarbeit war wieder eine Eins".

Am liebsten würde Lena Linke folgende Freizeitaktivitäten ausüben: Schauspielgruppe, Chor, Tanzen, Malen. Nach Möglichkeit würde sie alles gleichzeitig besuchen. Das darf sie aber wegen der Schule nicht. Manchmal ist die Mutter von Lena genervt, weil Lena sehr lustbetont sein kann.

Und erst recht ihre Willensstärke, die der Mutter immer mal wieder zu schaffen macht. „Lena hat schon als Vierjährige bei einem Wunsch mindestens 33-mal nachgefragt", beschwert sich die Mutter. „Mein NEIN hat sie einfach nicht gehört oder sie wollte es nicht hören. Von wem hat sie das bloß?".

Die Eltern bezeichnen Lena als „Sonnenschein". In der linken Hand besitzt Lena mehr Geschick, Feingefühl, Kraft, Schnelligkeit und Ausdauer. So gestikuliert sie hauptsächlich mit der linken Hand. Lena ist insgesamt auf die linke Körperhälfte ausgerichtet, denn sie ist linksfüßig, linksäugig und linksohrig. Ihre Umhängetasche und Ringe trägt sie ebenfalls lieber links; das sei ihre schöne Seite, meint sie.

Bei welchen Menschen sprechen wir von „Linkshänder" und „Rechtshänder"?

Beide Gruppen erkennen Sie zum einen an den Tätigkeiten mit Hand und Fuß, aber auch mit Auge und Ohr. Zum anderen – und das ist vielen Menschen nicht bekannt – können Sie Linkshänder mit Hilfe ihrer Wesenseigenschaften identifizieren.

Typische Tätigkeiten des Linkshänders

* Mit der Hand: Ein echter Linkshänder führt alle wichtigen Tätigkeiten mit der linken Körperseite aus. Fallen Ihnen sofort mindestens 20 Tätigkeiten ein? Wichtige Aktivitäten mit der Hand sind z.B. Schreiben, Malen, Schnei-

den, Telefonieren, Werfen, Zähne putzen, Essen, Trinken, Schminken, PC-Maus bedienen, mit dem Löffel essen, das Messer benutzen, Werkzeuge wie Hammer, Zange und Bohrmaschine benutzen, Tennis und Tischtennis spielen, Unkraut zupfen, Blumen gießen und Tiere streicheln.

- Mit dem Fuß oder Bein: Stehen auf einem Fuß, einbeiniges Hüpfen, Abspringen über Hindernisse, Abspringen beim Weit- und Hochsprung, Abstoßen beim Rollerfahren und das Schießen beim Fußball.
- Mit dem linken Auge: Durch den Sucher am Fotoapparat sehen, in ein Kaleidoskop sehen und das Zielen beim Bogenschießen oder beim Schießen mit einem Gewehr.
- Mit dem linken Ohr: Lauschen, Telefonieren und beim Zuhören im Gespräch mehr das linke Ohr hindrehen.

Für alle diejenigen, die wichtige Tätigkeiten mit links machen, hat sich die Bezeichnung „aktiver Linkshänder" durchgesetzt. Dazu möchte ich Ihnen folgende Definition anbieten:

Linkshänder, die mit links schreiben und die wichtigen Tätigkeiten mit der linken Körperseite (Hand, Fuß, Auge, Ohr) ausführen, bezeichnen wir als aktive Linkshänder.

Für den Rechtshänder gilt die Definition entsprechend umgekehrt.

Fünf Aussagen für Ihr grundlegendes Verständnis

Damit Sie das Thema Linkshänder richtig einordnen können, sind Grundkenntnisse für Sie hilfreich. Ich möchte Ihnen viele Fachbegriffe ersparen und mich auf die wichtigsten Sachverhalte beschränken. Aus meiner Sicht sind fünf Grundaussagen entscheidend:

1. Ob wir Menschen Links- oder Rechtshänder sind, ist im Gehirn festgelegt.

Wie ist das zu verstehen? Wir haben eine linke und eine rechte Hirnhälfte, auch Hemisphären genannt. Jede Hirnhälfte ist etwa so groß wie unsere Faust. Und nun kommt die für unser Thema zentrale Aussage; vielleicht kennen Sie sie auch bereits: Eine Hirnhälfte ist immer „überlegen" = dominierend. Sie ist nicht größer, schöner oder runder, sondern einfach aktiver. Bekannte Bezeichnungen für eine überlegene rechte Hirnhälfte sind „dominante rechte Hirnhälfte", „rechtshirnig", „rechtshirnstark" oder „rechtshemisphärisch". Entsprechend für die überlegene linke Hirnhälfte sagen wir auch „dominante linke Hirnhälfte", „linkshirnig", „linkshirnstark" oder „linkshemisphärisch".

2. Unsere Körpersteuerung erfolgt über Kreuz.

So steuert die rechte Gehirnhälfte die linke Hand, den linken Fuß, das linke Auge und das linke Ohr. Sie ist darüber hinaus für die ganze linke Körperseite zuständig, also auch für die Haut. Entsprechend steuert die linke Gehirnhälfte die rechte Hand, den rechten Fuß, das rechte Auge und das rechte Ohr. Ebenso ist sie für die ganze rechte Körperseite zuständig.

3. Eine überlegene rechte Gehirnhälfte führt zu Links-Seitigkeit (durch die Überkreuzsteuerung).

Einfach ausgedrückt sagen wir: Lena Linke ist Linkshänder. Sie sollten sich stets bewusst sein, hierzu gehören auch Fuß, Auge, Ohr, ja die ganze linke Seite. Wie häufig sagen Linkshänder: „Links ist meine schöne Seite" oder „Links ist meine Schokoladenseite". Sie meinen damit ihre gesamte linke Körperseite. Einen lieben Menschen haben sie lieber an ihrer linken Körperseite, im Restaurant fühlen sie sich viel wohler, wenn der Schatz links sitzt.

4. Ob ein Mensch eine dominante rechte oder linke Hirnhälfte hat, steht mit der Geburt fest.

Ich wiederhole diese Aussage gerne, weil sie so fundamental ist: Besitzt ein Mensch eine dominante rechte Hirnhälfte – und das steht mit der Geburt fest –, dann ist er linksseitig oder einfach gesagt Linkshänder. Hat ein Mensch eine dominante linke Gehirnhälfte, und auch das steht mit der Geburt fest, dann ist er rechtsseitig oder einfach gesagt Rechtshänder.

5. Das Typische im Wesen des Linkshänders sind die Stärken der rechten Hirnhälfte.

Auf einer Familienfeier wurde ich als Spezialist für Linkshänder vorgestellt. Sofort sprach mich ein ungefähr 35-jähriger Mann aus der Runde an, stellte sich als Linkshänder vor.

Er fragte mich halb im Scherz: „Was kann denn ein Spezialist für Linkshänder so alles?"

„Darf ich Ihre Stärken erraten?", erwiderte ich.

Den Vorschlag fand er gut, die meisten anderen ebenfalls. Ich fing an zu „raten", indem ich ihm einige Fragen stellte:

„Sind Sie sozial?" Seine Ehefrau antwortete spontan: „Ja, er regelt das Zwischenmenschliche im Fußballverein."

„Sind Sie musikalisch oder schauspielerisch veranlagt?" Sein Nachbar mischte sich ein: „Das werden sie heute Abend noch erleben."

„Würden Sie sich als phantasievoll oder kreativ bezeichnen?" „Ja", antwortete der 35-Jährige, „ich habe die besten Ideen in der Firma."

„Sind Sie willensstark?" „An ihm konnte man sich schon als Kind die Zähne ausbeißen", sagte seine Mutter.

„Besitzen Sie ein gutes Farbgefühl?" Seine Frau bestätigte, wie spielend leicht ihr Mann beim Kleidungskauf die passenden Farben zusammenstellen kann.

„Haben Sie einen ausgeprägten Gerechtigkeitssinn?" „Als Kind wollte ich immer Richter werden", betonte der Linkshänder.

„Sehen Sie immer das große Ganze?" Ein anwesender Kollege bejahte: „Er hat wirklich den Überblick."

Der linkshändige Fragesteller selbst sagte anerkennend: „Volltreffer!" Die übrigen Gäste nickten zustimmend. Ein typischer Linkshänder hatte sich zu erkennen gegeben.

Wissen auf den Punkt gebracht

- Eine dominante rechte Hirnhälfte hat zur Folge, dass der Mensch linksseitig ist. Wir sagen auch Linkshänder.
- Eine dominante linke Hirnhälfte hat zur Folge, dass der Mensch rechtsseitig ist. Wir sagen: Er ist Rechtshänder.
- Mit der Geburt steht fest, ob ein Mensch Linkshänder oder Rechtshänder ist!
- Linkshänder, die mit links schreiben und wichtige Tätigkeiten mit der linken Körperseite (Hand, Fuß, Auge, Ohr) ausführen, bezeichnen wir als aktive Linkshänder.
- Diese Stärken zeichnen Linkshänder oft aus: Sozialkompetenz, Fantasie, Kreativität, Schauspielerei, Willensstärke, Musikalität, Farbvermögen, ganzheitliches Denken.
- In diesen Bereichen haben Rechtshänder ihre Stärken: Zahlen, Zeit, Ordnung, Logik, Berichten und Erzählen, analytisches Denken.

BILD NR 2 Liebevolles Streicheln des Welpen mit der linken Hand

Wird Linkshändigkeit vererbt?

Die Eltern der fünfjährigen Nina kommen in meine Praxis für eine Beratung. Nina soll in einem Jahr die Schule besuchen und es ist nicht klar, welche Hand ihre starke Hand ist. Mit welcher Hand wird sie schreiben? Nina jedenfalls wechselt ständig ihre Hände für die Ausführung von Tätigkeiten. Ob Bleistift, Buntstift, Schere, Zahnbürste, Messer: mal arbeitet Nina mit links und dann wieder mit rechts. Die Eltern wollten endlich Klarheit haben, welche Hand Ninas Schreibhand ist.

Üblicherweise erfrage ich verschiedene Abläufe genauer; zum Beispiel die gesundheitliche Entwicklung und mit welcher Hand und mit welchem Fuß verschiedene Tätigkeiten ausgeführt werden. Ergänzend möchte ich zur Vererbung wissen: „Ist jemand von Ihnen als Eltern Linkshänder? Oder jemand von Ihren Eltern, also Ninas Großeltern? Hat Nina noch linkshändige Geschwister?"

Sofort kommt vom Vater eine klare Antwort: „Nein!" Die Mutter fügt nach einer kurzen Pause hinzu: „Weder wir als Eltern noch unsere Geschwister oder ihre Omas und Opas sind Linkshänder. Nina wäre die erste und einzige Linkshänderin in unserer großen Familie".

Am Ende des Gesprächs erhalten die Eltern von mir eine „Hausaufgabe". Sie sollen innerhalb der Familie nach Linkshändern recherchieren. Vielleicht gibt es ja doch welche, von denen sie bisher nichts wissen.

Zwei Wochen später erhalte ich von Ninas Mutter einen Anruf. „Am Wochenende hatten wir eine Familienfeier in unserer Großfamilie. Ich habe kurz vom Problem mit unserer Nina erzählt und gefragt, ob wir Linkshänder in der Familie haben. Die Antworten waren zunächst negativ. Dann hat der Urgroßvater in seiner gewohnt kurzen Art zu sprechen begonnen. Halb an seine Frau, halb an die Familie gewandt, sagte er: „Wir beide sind jetzt schon 50 Jahre verheiratet, weißt du immer noch nicht, dass ich Linkshänder bin?"

Blick in die Vergangenheit: unerkannte Linkshänder

Das in der Familie der kleinen Nina beschriebene Phänomen ist typisch für die Vergangenheit. Die Linkshänder in den älteren Generationen sind oftmals nicht bekannt. Die Betroffenen selbst wussten meist sehr wohl um ihre starke Körperseite. Das Thema Linkshänder wurde früher verdrängt und totgeschwiegen. Ein Foto, auf dem das Kind etwas mit links machte, kam nicht in das Fotoalbum, es wurde aussortiert. Deshalb ist es oft nicht leicht, Informationen zur Vererbung von Uroma, Uropa, Großmutter, Großvater, Mutter und Vater zu bekommen.

Das braucht nicht mehr zu sein. Mit zwei Schritten haben Sie eine gute Chance, den Mantel des Schweigens – sollte er noch vorhanden sein – zu lüften:

1. Der emotionale Schritt

Nehmen Sie als Erstes der älteren Generation die Schuldgefühle.

„Ihr habt mich nicht umgeschult, weil ihr mir schaden wolltet, sondern weil ihr es nicht besser wusstet. Umschulung war früher ganz normal und wurde überall praktiziert – ohne böse Absicht."

Tun Sie nun etwas ganz Wichtiges: Verzeihen Sie demjenigen, der Sie umgeschult hat. Sagen Sie es der Person bitte auch direkt.

2. Versorgen Sie Menschen mit hilfreichen Informationen

Ein 300 Seiten dickes Fachbuch ist nicht immer der beste Einstieg. Es gibt heute schon eine Reihe von gut geschriebenen Zeitungsartikeln und Fachvorträgen. Eine Auswahl gut gemachter Fernsehbeiträge finden Sie unter www.Left-Handers-World.com auf meiner Internetseite.

Andererseits: Nicht immer wurde Linkshändigkeit früher verdrängt und totgeschwiegen. So kenne ich Familien, in denen Linkshänder seit mehreren Generationen bekannt sind. Manchmal wusste die ältere Generation auch ganz genau um ihre Linkshändigkeit, sie durfte sie nur nicht immer leben. Dann kann sich Linkshändigkeit schon mal in der Linie der Männer zeigen; Großvater, Vater und Sohn sind also aktive Linkshänder.

Wie sieht es aus, wenn beide Eltern Linkshänder sind?

In einer Künstlerfamilie verteilt sich die Händigkeit so: Der Vater ist aktiver Linkshänder und Maler, die Mutter ist umgeschulte Linkshänderin und Schauspielerin, die ersten drei Kinder sind aktive Linkshänder und das jüngste Kind ist umgeschulter Linkshänder.

Bevor wir die Frage genauer untersuchen, ob Links- und Rechtshändigkeit vererbt wird, lassen Sie uns einige andere „vererbte" Eigenschaften betrachten. Kennen Sie in einer Familie verschiedene Generationen mit Kind, Eltern, Großeltern und sogar Urgroßeltern? Hier zeigen sich oft prägnante Gemeinsamkeiten z.B. in der Augenfarbe und Augenform, in der Haarfarbe, in der Menge der vorhandenen oder nicht mehr vorhandenen Haare, in der Form von Kopf, Nase, Körper. Manchmal sind auch die Stimmlagen der Mutter und der erwachsenen Tochter am Telefon sehr ähnlich. Oder die Art und Weise zu gehen sind bei Vater und Sohn gleich. Diese oder weitere Übereinstimmungen bis hin zum Charakter kennen Sie bestimmt auch in Ihrem privaten Umfeld.

Manchmal drängt sich der Eindruck auf, dass wir Menschen die Merkmale unserer Eltern und Großeltern sehr komplex vererbt bekommen haben.

Ich selbst bin in der mecklenburgischen Kleinstadt Burg Stargard aufgewachsen. Als ich nach Jahren wieder zu Besuch kam, sahen meine ehemaligen Nachbarn Hans und Ruth Strenger meinem 18 Monate alten Sohn beim Spielen zu. Erstaunt sagten sie mit einem Lächeln: „Das ist Frank Steinkopf noch mal in Miniausgabe. Mimik, Gestik, Lachen und Laufen – alles ganz der Vater, als er selbst so klein war!"

Des Weiteren mag ein zweites Beispiel aus meiner Familie die Vererbung von Eigenschaften belegen. Es geht um Haare, genauer die Haarmenge. So rechne ich selbst nicht mit einer Glatze, denn auch mein Vater Ernst, Großvater Franz und Urgroßvater Otto Steinkopf haben bzw. hatten bis ins hohe Alter eine volle Haartracht. Das ist die Familienlinie väterlicherseits. In der Familienlinie mütterlicherseits sieht es dagegen anders aus. Alle Männer bekamen und bekommen recht früh eine Glatze, oft liefert sie Anlass für spaßige Bemerkungen.

Links- und Rechtshändigkeit wird genauso vererbt. Wo ein linkshändiges Kind ist, muss mindestens ein Großelternteil genetischer Linkshänder sein.

Und die folgende Aussage wird so manches Elternteil noch mehr zum Nachdenken bringen: Wo es ein linkshändiges Kind gibt, muss mindestens ein Elternteil genetischer Linkshänder sein. Es wird keine Generation übersprungen.

In einem Beratungsgespräch sagte eine Frau nach dieser Information zu ihrem Mann: „Siehst du, ich habe dir doch gesagt, dass du so ein Umgedrehter sein musst!"

Sehr oft habe ich in Gesprächen und Vorträgen erlebt, wie Eltern sich zu ihrem linkshändigen Kind informieren wollen und sich dann selbst als umgeschulte Linkshänder entdecken. Eine Entdeckung, die im Leben desjenigen einem Erdbeben gleichkommt. Viele Fragen stellen sich auf einmal, viele Fragen werden oft auf einmal beantwortet!

Die Fachleute sind sich heute weitgehend einig: Links- und Rechtshändigkeit wird vererbt.

Oft werde ich nach den wissenschaftlichen Grundlagen gefragt. Leider gibt es deutlich mehr Fragen als Antworten. Hier gibt es für Wissenschaftler eine echte Herausforderung und die Chance, sich einen Nobelpreis zu verdienen.

Untersuchungen an Schwangeren von den amerikanischen Wissenschaftlern A. Gesell und L.B. Ames lassen einen sehr wichtigen Schluss zu: die Händigkeit kann schon beim ungeborenen Kind vorausgesagt werden.

So lässt sich beim Fötus bereits in der 28. Schwangerschaftswoche der so genannte tonische Nackenreflex beobachten. Dieser Reflex erlischt in der 20. Woche nach der Geburt. Diesem Phänomen zufolge werden bei der Drehung des Kopfes nach einer Seite Arm und Bein dieser Seite gestreckt, die beiden anderen Extremitäten hingegen werden gebeugt. Die beiden Forscher beobachteten die Übereinstimmung von Streck-Reflex-Richtung mit der Händigkeit der gleichen Seite. Die Händigkeit der Linkshänder konnte somit anhand des linken tonischen Nackenreflexes vorhergesagt werden.

Die deutschen Neurologen H. Siebner und S. Klöppel kommen 2007 in ihrer Studie zum Ergebnis, dass Linkshänder zeitlebens Linkshänder bleiben. Sie bestätigen hiermit die Beobachtung: das Gehirn bereitet zeitlebens selbst einfachste Handbewegungen mit der dominanten Hirnhälfte vor.

Sie dürfen also davon ausgehen: Mit Geburt steht fest, ob ein Mensch Linkshänder oder Rechtshänder ist.

Das zu wissen ist deshalb so wichtig, weil Eltern oft gesagt bekommen: „Ihr Kind hat sich noch nicht entschieden, ob es Linkshänder oder Rechtshänder wird. Geben Sie ihm Zeit dafür!"

Das Kind ist dann drei, vier oder fünf Jahre alt. Diesen wohlgemeinten aber ungeeigneten Tipp geben nicht nur Freunde und Bekannte, sondern auch Kindergärtnerinnen, Therapeuten und Ärzte weiter. Gelegentlich hören Eltern diesen Satz ebenfalls in Bezug auf ihr sechs- oder siebenjähriges Kind. Es geht dann schon in die erste oder zweite Grundschulklasse und weiß nicht, ob es links oder rechts schreiben soll.

Wissen auf den Punkt gebracht

- Vererbt werden nicht nur unsere Haar- und Augenfarbe, unser Aussehen, unser sportliches, musikalisches Talent, sondern auch, ob wir Links- oder Rechtshänder sind.
- Das bedeutet: Mit der Geburt steht fest, ob ein Mensch Linkshänder oder Rechtshänder ist; wissenschaftlich ist diese Aussage allerdings noch nicht endgültig bewiesen.
- Sie dürfen bei einem linkshändigen Kind immer auch von einem linkshändigen Elternteil ausgehen.
- Sind beide Eltern genetische Linkshänder, ist die Chance auf linkshändige Kinder sehr, sehr hoch.

BILD NR 3 Entspanntes Daumen lutschen nur mit links.

Wie viel Prozent der Menschen sind Linkshänder?

2001 hatten mich Kindergarten und Grundschule eines kleineren Ortes in Schleswig-Holstein für einen Vortrag eingeladen. Der Anteil junger Eltern unter den 40 Gästen war sehr hoch. Die meisten Besucher saßen auf einem Kindergartenstuhl. Ich erinnere mich noch gut an das Bild eines jungen, ungefähr zwei Meter großen Mannes, der tapfer auf seinem Ministuhl durchhielt. Während des Vortrags wurde die Anzahl der aktiven Linkshänder in der Kindergartengruppe und in der ersten Klasse zusammengetragen. Der junge Mann errechnete umgehend die Prozente und verkündete folgende Ergebnisse: Kindergartengruppe 10 Prozent und erste Klasse 15 Prozent aktive Linkshänder. Aus meiner Sicht ein damals übliches Ergebnis.

Zwei Jahre später erfuhr ich von den Folgen meines Vortrags. Eine Mutter rief mich an, denn sie hatte Fragen zu ihrem linkshändigen Kind. Am Ende des Telefonats erwähnte sie noch etwas, was mich aufhorchen ließ. „In unserer neuen ersten Klasse haben wir 11 Linkshänder."

„Und", fragte ich, „wie viele Schüler sind es insgesamt?"

„Es sind zweiundzwanzig."

Hatte ich richtig gehört? Die Hälfte der Kinder Linkshänder?

„Ja", bestätigte die Mutter, „ich kenne die Kinder alle persönlich."

Der Anteil an Linkshändern unter den Erstklässlern war innerhalb von zwei Jahren von 10 Prozent auf sagenhafte 50 Prozent gestiegen. Das erstaunte mich wirklich. Innerhalb von nur zwei Jahren 40 Prozent mehr Linkshänder! Eine Lehrerin kommentierte den neuen Anteil so: „Wo kommen die denn alle her, so was hatten wir hier noch nie?"

Wie viel Prozent der Menschen sind nun wirklich Linkshänder?

Das sagen Experten

- Schon 1962 untersuchte der Tscheche M. Sovak 1000 Kinder. Er kam zu dem Ergebnis, dass die Erbanlagen für Links- und Rechtshändigkeit auch heute noch weitestgehend gleich verteilt sind. Das bedeutet nichts anderes: 50 Prozent Rechtshänder und 50 Prozent Linkshänder!
- Die Psychotherapeutin Johanna B. Sattler bleibt vorsichtig, wenn sie schreibt „und es bestehen Hypothesen, wonach auch ein 50-prozentiger Bevölkerungsanteil für wahrscheinlich gehalten wird".

- Die umfangreichsten Zahlen legte bisher der in Göppingen praktizierende Arzt Hans von Rolbeck im Jahr 2003 vor. Er konnte von Untersuchungsergebnissen berichten, „aus denen sich ein Linkshänderanteil von 50 Prozent an der Gesamtbevölkerung ergibt." Dies war das Ergebnis von über 40 Jahren Forschung und der Beobachtung beziehungsweise Untersuchung von ca. 25.000 Menschen in verschiedenen Ländern in Europa und den USA.

Meine Erfahrungen seit 1995

Meine eigenen Erfahrungen bestätigen ganz und gar die vorstehenden Aussagen: Jeder zweite Mensch ist Linkshänder.

„Moment mal", werden Sie vielleicht sagen, „ich habe verschiedene Gruppen von Menschen abzählen können, darunter eine Kindergartengruppe, eine Schulklasse, meine Kollegen in der Firma und meine große Familie. Ich komme nie auf 50 Prozent Linkshänder, meistens liegt die Zahl zwischen 0 und 25 Prozent."

An dieser Stelle möchte ich noch einmal betonen: Ich spreche von genetischen Linkshändern. Ob diese Menschen alle als aktive Linkshänder leben, indem sie links schreiben und die wichtigen Tätigkeiten mit der linken Körperseite ausführen, ist eine ganz andere Frage.

Eine Antwort auf dieses scheinbar widersprüchliche Phänomen liefert die folgende Begebenheit.

2002 gab ich in Kiel ein ganztägiges Linkshänder-Seminar für Legasthenie-Therapeuten. Wie immer in meinen Seminaren ging es mal ernst und mal heiter zu. In den ersten beiden Stunden war mir ein 20-jähriger Mann aufgefallen. Er arbeitete sehr konzentriert und still mit. Sein Gesichtsausdruck war ernst, kein Lächeln oder gar ein Lachen waren ihm zu entlocken. In den Pausen hielt er sich ebenfalls sehr zurück und sprach fast kein Wort. Schon in der ersten Stunde hatten wir die Anzahl der genetischen Linkshänder mit 50 Prozent der Menschen erarbeitet. Auch er hatte erfahren: derzeit sind 10 bis 15 Prozent der Kinder und Jugendlichen aktive Linkshänder.

Gegen Ende des Seminars begann er plötzlich unruhig auf seinem Stuhl hin und her zu rutschen. Er meldete sich: „Wenn ich das heute Gelernte zusammenfasse, dann bedeutet das: 35 bis 40 Prozent aller heranwachsenden Kinder und Jugendlichen sind umgeschulte Linkshänder!"

Er lehnte sich zurück und es war plötzlich sehr still im Seminarraum. Dann beugte er sich noch einmal nach vorne und sprach mit leicht erregter Stimme weiter: „Für uns Erwachsene bedeutet dies, dass fast jeder Zweite, mindestens aber jeder Dritte ein umgeschulter Linkshänder ist."

Er hatte nicht nur richtig gerechnet, sondern erkannt, was diese Zahl in der Konsequenz bedeutet. Sie ist kaum bekannt und für viele Erwachsene ein regelrechter Schock.

Umgeschulte Linkshänder

Die Definition: Ein genetischer Linkshänder, der mit der rechten Hand schreibt und die wichtigen Tätigkeiten des Alltags mit der rechten Körperseite ausführt, ist ein umgeschulter Linkshänder.

Für zwei Übergangsformen trifft diese Erklärung allerdings nicht ganz zu.

- Einige genetische Linkshänder machen alle wichtigen Tätigkeiten mit links, sie schreiben aber rechts.
- Dann gibt es noch diejenigen, die mit links schreiben und ansonsten die meisten Tätigkeiten mit rechts ausführen. Beide Gruppen zählen zu den umgeschulten Linkshändern.

Bei fast allen umgeschulten Linkshändern zeigen sich Probleme, die so genannten Umschulungsfolgen. Auf die Probleme eines umgeschulten Linkshänders gehe ich im nächsten Kapitel detaillierter ein.

Linkshänder entdecken

Stellen Sie sich vor, Sie gehen zu einem dreistündigen Seminar über Linkshänder. Es geht um Ihr Kind; es kommt nämlich demnächst zur Schule und Sie wollen sich vorher über das Thema informieren. Sie sind selbst Rechtshänder. Und das schon, so lange sie sich erinnern können. Zuerst geht es um die Eigenschaften der rechten Gehirnhälfte. Ihr Kind hat genau hier seine Stärken, zum Beispiel ist es musikalisch, sozial und kreativ. Das muss ja auch so sein, denn es ist Linkshänder.

Aber komisch, genau hier zeigen auch Sie Ihre Stärken. Dann geht es um Tätigkeiten mit Hand und Fuß, an denen man Linkshänder erkennt. Passt wieder super für Ihr Kind. Sie haben irgendwie ein sonderbares Gefühl, denn Nuckeln, Nase bohren, Tiere streicheln haben Sie gleichfalls mit links ausgeführt. Ein großes Fragezeichen hinterlässt die Genetik. Ihr Partner, Sie selbst, die Omas und Opas – alle sind Rechtshänder. In der Pause fällt Ihnen bei einer Tasse Kaffee ein, dass auch Ihre Mutter wie Sie selbst und Ihre linkshändige Tochter sehr musikalisch, kreativ und sozial ist. Sie alle drei lieben Farbe und sind sehr nah „am Wasser gebaut".

Im praktischen Teil sollen Sie das richtige Schreiben mit links probieren. Nach einer kurzen Einweisung sind die ersten beiden Zeilen eine echte Quälerei, aber dann geht es plötzlich immer leichter und bereitet sogar echte Freude. Was mit rechts nie gelang, geht auf einmal: Sie können den Stift richtig halten; außerdem spüren Sie eine ungewohnte Lockerheit in Ihrer Hand.

Im letzten Abschnitt besprechen wir die Probleme umgeschulter Linkshänder. Davon trifft auf Ihr Kind nichts zu. „Gott sei Dank", denken Sie erleichtert. Ganz anders sieht es für Sie selbst aus. Sie können hinter fast jedes Beispiel einen Haken setzen, denn für Sie trifft fast alles zu.

Eine Erkenntnis breitet sich in Ihnen immer mehr aus. Aus allem, was Sie heute Abend gehört, gesehen und erlebt haben, kann es nur eine Schlussfolgerung geben: Sie selbst müssen genetischer Linkshänder sein. Da Sie bis zum heutigen Tag alles mit rechts bewerkstelligen, müssen Sie umgeschulter Linkshänder sein. Ein ungewohntes Gefühl steigt in Ihnen auf, eine Mischung aus großer Wut und großer Freude. Sie könnten sofort losheulen.

Mit großer Wahrscheinlichkeit haben Sie innerhalb von drei Stunden Ihr Linkshänder-Coming-Out erlebt. Nicht selten entdecken Menschen ihre genetische Linkshändigkeit durch ein Buch, ein Seminar, eine Fernsehsendung oder einen Zeitungsartikel.

Viele umgeschulte Linkshänder

Meine Erfahrung bestätigt die Erkenntnis: von 100 vor 1980 geborenen Menschen sind 40 Menschen umgeschulte Linkshänder. Bei den nach der Jahrtausendwende geborenen sind es von 100 Heranwachsenden noch immer 30 bis 35 umgeschulte Linkshänder.

Wie wird sich die Anzahl der umgeschulten Linkshänder entwickeln? Der Trend geht eindeutig hin zu mehr aktiven Linkshändern. Damit wird sich die Anzahl der umgeschulten Linkshänder verringern.

Manchmal werde ich gefragt, wann alle genetischen Linkshänder als aktive Linkshänder leben. Dann sage ich: „Lassen Sie uns darüber noch mal im Jahr 2061 reden. Dann werde ich nämlich 100 Jahre alt." Ich bin fest davon überzeugt, der Anteil der aktiven Linkshänder wird über mehrere Generationen 50 Prozent erreichen.

Schulen mit besonderen Ausrichtungen ziehen Linkshänder an.

Es gibt Schulen, die bestimmte Talente fördern. Dazu gehören Musikschulen, Kunstschulen und Schauspielschulen. Auch in den Waldorfschulen spielt Musik, Farbe, Kreativität und Sozialkompetenz eine große Rolle. Aufgrund dessen könnten sich Linkshänder in diesen Einrichtungen noch wohler fühlen, da ihre Fähigkeiten besonders gefördert werden.

Wie hoch ist der Anteil der Linkshänder in verschiedenen Berufen?

Einige Berufe locken garantiert viele rechtshirndominierte Menschen an. Hierzu gehören kreative Berufe wie Musiker, Schriftsteller, Schauspieler, Komponist, Architekt, Designer und Erfinder. Soziale Berufe wie Erzieher, Lehrer, Arzt, Krankenschwester und Pfleger sind gleichfalls dazu zu zählen.

Bei einem Seminar für Kindergärtnerinnen fragte ich: „Wer von Ihnen ist wohl rechtshirnstark?" Daraufhin antwortete die Leiterin sofort: „Sie brauchen gar nicht weiter zählen. Wir sind 18 Erzieherinnen und alle 18 sind rechtshirngeprägt. Davon sind nur zwei aktive Linkshänderinnen."

Viele Unternehmer sind sehr kreativ, machen Erfindungen, sind Visionäre; wie zum Beispiel der Linkshänder Thomas Alva Edison. Seine Erfindungen in den Bereichen elektrisches Licht, Telekommunikation sowie Medien für Ton und Bild hatten nicht nur in den USA einen großen kulturellen Einfluss.

Wissen auf den Punkt gebracht

- Sehr wahrscheinlich sind 50 Prozent der Menschen genetische Linkshänder.
- Bei den vor 1950 geborenen gab es nur ganz selten aktive Linkshänder. Ihr Anteil liegt sicherlich unter einem Prozent der Bevölkerung.
- Im Jahr 2000 beträgt der Anteil der aktiven Linkshänder bei den Schülern geschätzt 5 bis 15 Prozent. Die Tendenz ist steigend.
- Es gibt bis heute Schulklassen ohne einen einzigen aktiven Linkshänder, es gibt aber auch schon vereinzelt Klassen mit einem Linkshänder-Anteil von 50 Prozent.
- Der Anteil der aktiven Linkshänder steigt rapide an, wenn Eltern Kenntnisse zur Linkshändigkeit haben.
- In einigen Berufen ist der Anteil der Linkshänder überdurchschnittlich hoch. Auch Spezialschulen, zum Beispiel für Kunst, Musik oder Schauspiel, locken viele Linkshänder an.

BILD NR 4 **Der Trinkbecher wird gerne mit der linken Hand gehalten.**

Haben umgeschulte Linkshänder Schwierigkeiten?

Stellen Sie sich vor, Sie tragen einen Sack Kartoffeln auf Ihren Schultern. Der Sack liegt richtig fest, auch während Sie sich bewegen, fällt er nicht herunter. Er ist wie angewachsen. Sind Sie 1,60 Meter groß, ist der Kartoffelsack 5 Kilogramm schwer; sind Sie 1,80 Meter groß, wiegt er ungefähr 10 Kilogramm und bei 2 Metern Größe beträgt sein Gewicht 15 Kilogramm.

Dieses Gewicht schleppen Sie jeden Tag 24 Stunden mit sich herum. Im Laufe eines Tages spüren Sie diese zusätzliche Masse mal mehr, mal weniger. Wenn Sie eine Treppe hinaufsteigen, merken Sie den Kartoffelsack besonders stark. Auch handeln Sie mit dieser trägen Masse weniger geschickt im Alltag. Am Frühstückstisch fällt schon mal ein Glas um, im sportlichen Wettkampf fehlt Ihnen oft der berühmte Zentimeter. Sitzen Sie hingegen zu Hause bequem im Sessel oder wandern entspannt im Urlaub, spüren Sie den Kartoffelsack deutlich weniger oder gar nicht.

Der Kartoffelsack wirkt sich des Weiteren auf Ihre geistige Beweglichkeit aus. Zum Beispiel diskutieren Sie in einem wichtigen Gespräch mit mehreren Kollegen. Mit dem Ergebnis sind Sie unzufrieden, denn Sie finden auf die Schnelle nicht die überzeugenden Worte. Erst nach dem Gespräch, als es längst zu spät ist, fallen Ihnen die besten Argumente ein. Damit hätten Sie dem Gespräch einen ganz anderen Verlauf gegeben. Sie hätten wirklich punkten können. Ähnliche Erfahrungen kennen Sie bereits aus wichtigen Klassenarbeiten und Prüfungen. Sie haben gut gelernt und können das Gelernte tatsächlich abrufen. Dann kommt der berühmte Prüfungsstress und Ihr gespeichertes Wissen zeigt sich nur noch lückenhaft oder ist scheinbar vollkommen verschwunden.

Umgeschulte Linkshänder brauchen mehr Energie

Der Kartoffelsack symbolisiert beispielhaft die besonderen Belastungen für umgeschulte Linkshänder. Diese Belastungen können sich unterschiedlich zeigen. Wie immer sie individuell aussehen mögen, sind sie in jedem Fall eine Tatsache für mich. Jeder umgeschulte Linkshänder schleppt eine zusätzliche Last mit sich herum.

Vielleicht sind auch Sie ein umgeschulter Linkshänder und wenden jetzt ein: „Ich hatte mit meiner Umschulung nie Schwierigkeiten und habe sie bis heute nicht." Immerhin ist Ihnen ein ordentliches Abitur gelungen, das Studium haben Sie geschafft und im Beruf läuft es ebenfalls recht gut. Eventuell gehören Sie ja zu denjenigen, die trotz der Umschulung viel erreicht haben.

Das ist für mich kein Widerspruch zu der Behauptung: Umgeschulte Linkshänder brauchen mehr Energie. Schauen wir uns verschiedene Lebensbereiche und Situationen aus dem Alltag genauer an. Vorher noch einmal für Ihr leichteres Verstehen der Zusammenhänge meine Definition zum „Umgeschulten Linkshänder"(siehe dazu speziell Frage 3):

Ein umgeschulter Linkshänder ist ein genetischer Linkshänder, der mit der rechten Hand schreibt und die wichtigen Tätigkeiten des Alltags mit der rechten Körperseite ausführt.

Die Betroffenen haben fast immer ein Problem zu meistern.

Die acht Lasten des umgeschulten Linkshänders

Diese acht Lasten möchte ich Ihnen jetzt näher vorstellen.

Die erste Last: Konzentrationsprobleme

Beim Diktatschreiben gab es für einen Schüler der dritten Klasse immer wieder den gleichen Ablauf. Seine Eltern schilderten mir diesen Verlauf während des Diktats: Im ersten Drittel schrieb ihr Sohn alles richtig. Im zweiten Drittel gab es nur einen Fehler. Aber dann kam das letzte Drittel und damit noch vier weitere Fehler.

Besonders ärgerlich war die unterschiedliche Schreibweise zweier Wörter. Sie wurden im ersten Drittel richtig und zum Schluss falsch geschrieben. Und dann wieder wie im letzten Diktat die vergessenen i-Punkte auf dem i. Der „Höhepunkt" für die Eltern: der vergessene Buchstabe im allerletzten Wort. Sonst schrieb das Kind dieses Wort immer richtig. Für die Eltern war ein Fehler kaum zu verhindern, aber die anderen sind so genannte unnötige Fehler. Die Zensur hätte eine Zwei sein können, durch die unnötigen Fehler wurde es gerade so die Note Vier.

Im Zeugnis stand folgender Satz: „Er muss es lernen, sich besser zu konzentrieren, besonders bei schriftlichen Arbeiten."

Meine Frage, ob es die Konzentrationsprobleme immer gäbe, verneinten die Eltern spontan. Beim freien Spielen zum Beispiel ist bis heute die Konzentration wunderbar; sie hält bis zu mehreren Stunden an.

Die zweite Last: Links-Rechts-Unsicherheit

Während meiner Tätigkeit als Sportlehrer veranstaltete ich gerne Reaktionsspiele mit „meinen" Erst- bis Viertklässlern. Die Kinder mussten blitzschnell verschiedene Begriffe verarbeiten, zu einem Ort in der Sporthalle hinlaufen und eine Bewegungsaufgabe erfüllen. Eine Beispielaufgabe: Alle Kinder stellen sich auf die grüne Turnmatte, heben den linken Fuß und den rechten Arm. Mehrere

Kinder konnten die Seiten links und rechts nicht bestimmen. Die pfiffigen haben sich dann an einem Mitschüler orientiert, der schnell war und die Seiten sicher konnte. So haben sie die Situation für sich gemeistert.

Eine 30-jährige Musikerin erreichte in ihrem bisherigen Leben alle Abschlüsse, auch das Abitur und das Musikstudium, mit der Bestnote. Trotz ihrer Leistungsstärke hatte sie mit dem Auseinanderhalten von links und rechts immer ein Problem. Als sie ihren Führerschein absolvierte, konnte sie diese Schwäche nicht mehr verbergen. In jeder Fahrstunde verwechselte sie links und rechts. Irgendwann platzte dem Fahrlehrer der Kragen: „Wollen Sie mich verscheißern? Sie als studierte Frau wollen mir doch nicht weismachen, dass Sie links und rechts nicht auseinanderhalten können!" Sie konnte es aber wirklich nicht.

Die dritte Last: Blackouts und Faden verlieren

Keiner will sie haben, sie werden verflucht und gehasst. Gleichwohl tauchen sie stets wieder auf, meist in einem entscheidenden Augenblick. Mit Blackouts kämpfen umgeschulte Linkshänder fast immer. Sie treten gerne in Situationen auf, die von Aufregung und Stress begleitet sind, wenn es um „alles" geht, besonders in Konstellationen mit verschiedenen Einflussfaktoren.

Solche Situationen können sein: Klassenarbeiten schreiben, Prüfungen ablegen, sich an den Namen eines Menschen schnell erinnern, zügig eine Geheimzahl abrufen, ein wichtiges Gespräch leiten, formvollendet einen Vortrag oder eine Rede halten, den Traumpartner kennenlernen.

Befrage ich umgeschulte Linkshänder nach Blackouts, berichten sie fast immer von Erlebnissen hierzu. Manche davon sind sogar lustig, die meisten haben allerdings einen bitteren Beigeschmack. Die Viertklässlerin Nele berichtet von ihrem Deutschunterricht. Als sie sich meldet, sagt die Lehrerin zur gesamten Klasse: „Oh, Nele meldet sich, wir wollen sie gleich drannehmen, sonst braucht sie wieder die restliche Stunde, um sich zu erinnern."

Sehr verwandt mit dem Blackout ist „den Faden verlieren". Sie erzählen Freunden von Ihrem Urlaubserlebnis. Alle hören gespannt zu. Plötzlich sagen Sie: „Jetzt habe ich den Faden verloren. Wo bin ich noch mal stehen geblieben?" Manchmal kommt schon Sekunden später: „Jetzt fällt's mir wieder ein." Für viele bedeutet den Faden zu verlieren eine regelrechte Blamage.

Die vierte Last: Legasthenie und Dyskalkulie

Umgeschulte Linkshänder haben häufig Probleme mit dem Lesen- und Schreibenlernen. Hierbei ist das Wort Probleme für einige Erstleser stark untertrieben, es sind heftige Kämpfe mit den Buchstaben. Sie werden vertauscht, verdreht, gespiegelt oder gekippt. Wer alleine „b" und „d" nicht unterscheiden kann, ist nicht in der Lage, fließend zu lesen.

Damit Sie diese Situation einmal selbst erleben, führen Sie gerne folgenden Versuch aus: Markieren Sie auf einer Buchseite oder in einem Zeitungsartikel alle Wörter mit „b" und „d". Dann lesen Sie den Text und spielen die kleine Denkpause bei diesen Wörtern nach. Die Denkpause dauert für Legastheniker eine bis fünf Sekunden. Dann endlich haben sie das Wort entschlüsselt. Nun, wie ist es Ihnen ergangen? Haben Sie den Inhalt des ganzen Satzes erfasst? Und wie sieht es mit dem Inhalt des ganzen Textes aus? Wie reagieren wohl die Mitschüler in der Grundschule auf die häufigen Denkpausen des Vorlesers?

Haben Schüler Leseprobleme, wirken sich diese in fast allen Fächern aus. Deshalb ist es ganz wichtig, Leseprobleme immer zu beheben. Mit der Rechtschreibung stehen sehr viele umgeschulte Linkshänder gleichfalls auf Kriegsfuß.

Aus meiner fünfzehnjährigen Erfahrung als Lerntherapeut kann ich sagen: Umschulung der Linkshändigkeit ist eine der Hauptursachen für Legasthenie und Dyskalkulie. Auf die beiden letztgenannten Herausforderungen gehe ich detaillierter in Frage 18 ein.

Die fünfte Last: Schreiben

Das Schreiben ist so anspruchsvoll, dass es von allen Lebewesen nur die am höchsten entwickelten schaffen können: wir Menschen. Hierbei geht es um die wohl größte zu bewältigende Aufgabe für unsere Hand und die gegenüberliegende, steuernde Gehirnhälfte. Schreiben ist Hochleistungssport!

Die Hand soll alle Buchstaben in gleicher Größe, Form und Schönheit zu Papier bringen. Und das oft stundenlang. Die gegenüberliegende Hirnhälfte steuert diesen komplexen Prozess. Damit noch nicht genug, sie hat noch weitere Aufgaben zu erfüllen. Die Rechtschreibregeln sind zu beachten, die Sätze sollen eine sprachliche Qualität ausstrahlen, Zeitformen sind zu berücksichtigen. Oft werden im Kopf schon mehrere Sätze vorformuliert und anschließend hingeschrieben.

Diese komplexe Funktion, das Schreiben, überfordert selbst das am höchsten entwickelte Lebewesen, wenn die schwache Hand und die schwache Hirnhälfte sie vollbringen sollen. Erschwerend kommt hinzu, dass insbesondere in den Jahren der größten Entwicklungsschübe viel geschrieben wird. Es ist das Alter von 6 bis 18 Jahren, die gesamte Schulzeit.

Die sechste Last: Langsamkeit

Nicht selten denken und handeln umgeschulte Linkshänder verlangsamt. Ihre Intelligenz zeigen sie mit ihren Denkleistungen und Arbeitsergebnissen, nur die Ausführung braucht länger. So denken, arbeiten, essen, gehen, sprechen und antworten etliche umgeschulte Linkshänder deutlich langsamer, brauchen für sehr viele Tätigkeiten insgesamt mehr Zeit. Einige benötigen sogar sehr viel Zeit. Andere wiederum sind nur in einigen Teilbereichen deutlich langsamer. Zum Beispiel schreiben sie sehr langsam. Einige sagen sogar: „Ich habe alles im Kopf, kann es aber nicht nach draußen bringen." Dieser Widerspruch zwischen mündlichem und schriftlichem Leistungsvermögen macht vielen sehr zu schaffen, denn sie kommen der Ursache nicht auf die Spur.

Ein Sechstklässler sollte als Hausaufgabe einen „kleinen" Aufsatz schreiben. Er sträubte sich innerlich gegen diese Aufgabe, weil er sie ganz und gar nicht als klein empfand. Denn für das Ausdenken und Niederschreiben brauchte er eine „Ewigkeit". Zudem hatte er seine tollen Ideen vergessen, bevor sie auf dem Papier standen. Die Mutter ahnte das Problem ihres Sohnes, dachte praktisch und sagte: „Du diktierst mir den Aufsatz, ich schreibe ihn auf. Dann schreibst du alles sauber ab." Darauf ließ sich der Junge ein. Am nächsten Tag ließ die Lehrerin einige Aufsätze vorlesen, darunter auch den des Jungen. Dann folgte die Beurteilung durch die Lehrerin: „Dein Aufsatz ist klasse. Aber jetzt mal ehrlich, das hast du dir nicht selber ausgedacht!"

Ole, Gymnasiast in der achten Klasse, beschrieb seine Langsamkeit so: „Die anderen haben bei den Diktaten nie auf mich gewartet, das fand ich total gemein."

Die siebte Last: Sprachauffälligkeiten

Besonders in der Phase der Umschulung, im Alter von drei bis fünf Jahren, tritt bei etlichen umgeschulten Linkshändern Stottern auf. Meistens verliert es sich im Grundschulalter wieder. Umgeschulte Erwachsene erleben nicht selten bei großer Aufregung oder bei Dauerbelastung ein Aufflackern ihres Stotterns.

Die achte Last: Schrift

Umgeschulte Linkshänder zeigen beim Schreiben besondere Auffälligkeiten. Es gelingt ihnen nicht, den Stift richtig zu halten. Auch wenn sie Extratraining erhalten, sind die Fortschritte minimal. Viele schreiben rechts in der Hakenhaltung oder sitzen sehr verdreht am Arbeitsplatz. Die Finger sind weiß vom Aufdrücken und haben oft Schwielen. Die Feder des Füllers biegt sich, bis sie ausgewechselt wird. So manch ein Finger ist sogar verbogen. Die Handmuskeln ermüden schnell. Hand- und Armschmerzen sind normal.

Wie soll bei diesen Problemen eine gute Schrift entstehen? Die hier beschriebenen Auffälligkeiten sind leider nur dazu geeignet, eine gute Schrift zu verhindern.

Die Lehrerin sagte zum Erstklässler Paul: „Wenn du weiter so aufdrückst, kommst du unter der Tischplatte wieder heraus."

Eine Bäuerin beschrieb das Schreiben ihres Sohnes in der zweiten Klasse so: „Er hat nicht geschrieben, er hat das Blatt umgepflügt."

Ein Vater demonstrierte das Schreiben der ersten Buchstaben seines Sohnes in der ersten Klasse, indem er den Stift in die Faust nahm und sagte: „Er hat die Buchstaben nicht geschrieben, er hat sie gemeißelt."

Ein Gymnasiast in der achten Klasse sollte die Schule verlassen, weil die Lehrer seine Schrift in den Klassenarbeiten nicht entziffern konnten. Motorisch ist er sehr geschickt, denn er spielt hervorragend Handball.

Die acht Lasten des umgeschulten Linkshänders zu kompensieren ist fast unmöglich

Jede einzelne Last wiegt schon schwer genug. Sehr viele umgeschulte Linkshänder tragen hingegen alle acht Lasten mit sich herum. Was das bedeuten kann, möchte ich Ihnen an einem Beispiel aufzeigen. Michael besuchte die zweite Grundschulklasse. Der schlanke, große Junge ist umgeschulter Linkshänder und war in heftige Schulprobleme verstrickt. Er hielt sich insgesamt sehr zurück, meldete sich sehr selten, hatte große Lese- und Rechtschreibprobleme. Blackouts waren für ihn normal, seine Schrift war kaum lesbar, Konzentrationsstörungen waren sein ständiger Begleiter. War er nur ein wenig aufgeregt, begann er zu stottern. Die Mutter sagte: „In der Schule steht er vollkommen neben sich."

Mitten im Schuljahr brach Michael sich den Arm. Ausgerechnet den rechten Arm. Mit einem blauen Gipsverband wurde der Arm für sechs Wochen außer Gefecht gesetzt. Schreiben brauchte Michael natürlich nicht, den Rest schaffte die linke Hand. Nach einer Schulwoche rief die Lehrerin an. Die Mutter glaubte nicht richtig zu hören, denn die Klassenlehrerin war begeistert: „Michael arbeitet super mit, er spricht ohne zu stottern, Blackouts sind mir nicht mehr aufgefallen. Er hat gute Laune und ist richtig gut drauf. Und das, obwohl er den hinderlichen Gips tragen muss."

In den nächsten Wochen blieb Michael trotz des Gipses in Hochform. Einen Tag, bevor der Gips entfernt wurde, klopfte die Lehrerin Michael behutsam auf die Schulter und sagte: „Wenn dein Gips ab ist, machst du so toll weiter, wie in den letzten Wochen mit Gips." Der Gips wurde nachmittags entfernt und was passierte? Mutter und Lehrerin waren bestürzt: die alten Probleme sind wieder da. Die Mutter sagte: „Es hat nicht eine Woche gedauert, es hat auch nicht drei Tage gedauert; innerhalb von Stunden wieder das alte Spiel."

Umgeschulte Linkshänder brauchen jeden Tag 3 bis 10 Mal so viel Energie

Erfrage ich in einem Beratungsgespräch mit einem Erwachsenen die acht Lasten, kommt als Antwort: „Woher kennen Sie mich?" Damit ein umgeschulter

Linkshänder die acht Lasten tragen und die daraus resultierenden Nachteile ausgleichen kann, braucht er unglaublich viel Energie.

Erwachsene umgeschulte Linkshänder

Deshalb entwickeln sich auf dem Lebensweg des umgeschulten Linkshänders weitere unangenehme Hindernisse, wie zum Beispiel Erschöpfungszustände, emotionale Probleme, Zurückgezogenheit und Prüfungsängste. Zwei Zitate umgeschulter erwachsener Linkshänder verdeutlichen dies:

- Karola, 29 Jahre: „Selbst bei Familienfeiern war ich still und zurückgezogen. Einige wussten nachher nicht mal, dass ich da war."
- Jürgen, 35 Jahre: „Ich habe mich einfach nicht getraut, meine Traumfrau anzusprechen. Das tut heute noch weh."

Die Aussagen lassen erahnen, wie fundamental die Umschulung der Händigkeit in das Leben der betroffenen Person eingreift. Die Wirkungen sind sehr komplex.

Wissen auf den Punkt gebracht

- Umgeschulte Linkshänder brauchen jeden Tag drei bis zehn Mal so viel Energie, um die Herausforderungen des Alltags zu meistern. Nicht alle Betroffenen können das ausgleichen.
- Von der Umschulung Betroffene haben „Die acht Lasten des umgeschulten Linkshänders" zu tragen. Damit kommen sie sehr unterschiedlich klar.
- Die Auswirkungen von Umschulung der Händigkeit sind sehr komplex. Schüler kämpfen mit Konzentrationsproblemen, mit Legasthenie, mit Blackouts und mit ihrer schwachen Schrift. Aus diesem Grund schafft so mancher Gymnasiast nicht das Abitur.
- Auch betroffene Erwachsene haben mit den Folgen der Umschulung zu kämpfen. Umschulung greift in alle Lebensbereiche ein. Oft erreichen Sie ihren Beruf über den zweiten Bildungsweg. Einige bemühen sich gar nicht erst um ihren Traumberuf. Oder sie sprechen vor lauter Schüchternheit ihren Traumpartner nicht an. Oft fehlt das Selbstbewusstsein für den nächsten wichtigen Schritt.

BILD NR 5 Das Eis schmeckt besonders gut aus der linken Hand.

Werden heute noch viele Kinder umgeschult?

Die vierjährige Lilly ist aufgeregt. Heute kommt ihre Lieblingstante zu Besuch. Die gemeinsamen Stunden sind immer wunderbar, zumal ihre Tante sie nur alle paar Wochen besucht. Fast immer bringt die Tante ein kleines Geschenk mit. So auch heute. Lilly erfühlt und beklopft das rundliche Geschenk, packt es dann eilig aus. Und schon hält sie es in den Händen. Es ist eine Kindertasse in Lillys Lieblingsfarbe.

Außerdem ist ein Bild der liebsten Comicfigur von Lilly auf die Tasse gedruckt. Mit leuchtenden Augen zeigt sie jedem aus der Familie ihre neue Tasse. Schließlich stellt sie die Tasse auf den Wohnzimmertisch für die nächste Mahlzeit. Als die Mutter später den Tisch für das Essen deckt, achtet sie darauf, dass die neue Tasse links steht. Denn Lilly ist Linkshänderin und ihre Tasse steht immer auf der linken Seite vom Teller. Als dann alle die Mahlzeit zu sich nehmen, Lilly sitzt natürlich neben ihrer Tante, fällt der Mutter etwas auf: Lillys Tasse steht auf der rechten Seite des Tellers. Und Lilly ergreift die Tasse zum Trinken auch mit der rechten Hand.

Wer stellt denn die Tasse um, fragt sich die Mutter und stellt Lillys Tasse wieder auf die linke Seite des Tellers. Sie beobachtet, was passiert. Lilly stellt die Tasse in aller Ruhe erneut auf die rechte Seite.

„Warum stellst du die Tasse auf die andere Seite?", fragt die Mutter.

„Ich kann das Bild nicht sehen, wenn meine Tasse hier steht." Lilly zeigt mit dem Finger auf die linke Seite. Und tatsächlich: das Bild ist nur zu sehen, wenn die Tasse in die rechte Hand genommen wird. Es wurde links neben dem Henkel aufgedruckt. Die Mutter merkt sofort an der Stimmlage ihrer Tochter, eine Diskussion bringt zum jetzigen Zeitpunkt nur Tränen. Hinzu kommt noch Lillys Willensstärke, mit der sie sehr überzeugend sagt: „Mama, ich kann die Tasse ohne zu kleckern auch mit der rechten Hand hochheben." Dabei streckt sie selbstbewusst die Tasse mit dem rechten Arm hoch. Seit dieser Mahlzeit ist die kleine Lilly vorerst nicht mehr bereit gewesen, die Tasse mit links hochzuheben.

Kinder wachsen in einer „rechten" Welt auf

Diese Begebenheit ist nur ein Beispiel aus einer Welt, die vollends rechtsorientiert ist. In Frage 15 erfahren Sie mehr zu dieser rechten Welt und was sie ausmacht. Jeden Linkshänder erreichen in seinem Leben viele Impulse dieser rechten Welt. Lauter kleine Versuche, ihn zum Rechtshänder zu machen. Eine Krankengymnastin hat sich wegen ihrer Enkeltochter intensiv mit dem Thema

Linkshänder beschäftigt. Ihr Fazit zwei Jahre später: „Ich hätte nie geglaubt, wie subtil Umschulungsversuche sind und wie intensiv sie die Kindesentwicklung beeinflussen."

Umschulung der Händigkeit ist auf verschiedene Weise möglich

Eine bahnbrechende Leistung zur Aufklärung über Linkshändigkeit hat die Münchener Psychologin J.B. Sattler mit ihrem bisherigen Lebenswerk erbracht. Dafür bin auch ich ihr sehr dankbar, einschließlich der zahlreichen persönlichen Gespräche mit ihr, in denen ich sehr viel lernen durfte. Mit ihrem Buch „Der umgeschulte Linkshänder oder der Knoten im Gehirn" brachte Sattler das Thema Umschulung der Händigkeit in die Öffentlichkeit. Darin beschreibt sie drei Formen der Umschulung:

- Die gewaltsame Umschulung
- Die sanfte Umschulung
- Die Selbstumschulung

Meiner Meinung nach spielt heute eine weitere Umschulungsform eine entscheidende Rolle. Ich nenne sie

- Umschulung durch Unwissenheit von uns Erwachsenen

Kenntnisse über die Umschulungsmechanismen sind wichtig, denn bis heute werden Tag für Tag Kinder auf ihre schwächere rechte Körperseite umgeschult. Die nachfolgend aufgeführten Beispiele entstammen der Arbeit in meiner Praxis. Eine Form der Umschulung ist die gewaltsame Umschulung. Sie vollzieht sich offen und ist leicht zu erkennen.

Die gewaltsame Umschulung

war bis 1960 fester Bestandteil der Erziehung vieler Linkshänder. Sogar aus den achtziger Jahren des letzten Jahrhunderts sind mir Schilderungen hierzu bekannt. Heute ist sie die Ausnahme. Zum Programm gehören Schläge auf die linke Hand, nicht selten mit dem Rohrstock, und das Wegbinden der Hand. Nicht zu vergessen ist die damit einhergehende psychische Gewalt, die viele Kinder für ihr ganzes Leben geprägt hat. Erwachsene, die von ihrer gewaltsamen Umschulung berichten, brechen selbst Jahrzehnte später noch in Tränen aus.

- Bei einem Vortrag vor siebzig Teilnehmern meldet sich ein ungefähr 60 Jahre alter Mann zu Wort. Mit seiner klaren, leicht zitternden Stimme lässt er uns an seinem Leiden in der Vergangenheit teilhaben: „Meine Damen und Herren, ich möchte Ihnen von meiner Umschulung berichten. Ich bin in der Nähe von Hamburg aufgewachsen und ging in die erste Grundschulklasse. Das Schreiben mit links wurde mir vom ersten Schultag an regelrecht ausgetrieben. So musste ich nachmittags extra in die Schule kommen, um die Schreibübungen noch einmal mit rechts abzuschreiben. Sah es nicht gut genug aus, wurde alles durchgestrichen und ich hatte es noch einmal zu schreiben. Die Lehrkraft brüllte mich sehr häufig an, wie unfähig ich sei. Während dieser Zeit durften meine Freunde Fußball spielen."

- Ein weiteres Beispiel erzählt mir eine 55-jährige Frau unter Tränen. Sie besucht als Fünfjährige in den Ferien ihre Tante und ihren Onkel. Eines Mittags isst sie den Eintopf mit dem Löffel in der linken Hand. Als der Onkel die Küche betritt, sieht er sie mit links essen. Er kommt näher und schlägt mit seiner Hand auf ihre linke Hand mit dem Löffel; in der Folge kippt der Teller zu ihr hin und der heiße Eintopf ergießt sich über ihren ganzen Oberkörper.

Eine gewaltsame Umschulung erleben die Betroffenen fast immer sehr bewusst mit. Sie erinnern sich noch Jahre später daran. Manchmal wird dieser schmerzhafte Prozess jedoch vollkommen verdrängt. Sowohl der Umgeschulte als auch der Umschulende erinnern sich nicht mehr. Beschäftigen sie sich damit, drängt oft Unverarbeitetes an die Oberfläche.

Im Jahr 1998 kam ich mit einem älteren Schularzt auf meine Arbeit mit Linkshändern zu sprechen. Er sagte unter anderem: „Gott sei Dank wird heute keiner mehr umgepolt". Er wusste es anscheinend nicht besser und viele Erwachsene wissen es bis heute ebenso nicht.

Ich erzähle Ihnen diese Beispiele, damit Kindern etwas so Unmenschliches – und sei es noch so subtil – nie wieder angetan wird; und damit Sie bei Bedarf andere Menschen auf die immer noch existierenden Formen der Umschulung aufmerksam machen können.

Bis zum heutigen Tag werden linkshändige Kinder auf ihre schwache rechte Seite umgeschult.

Kinder werden durch unsere eigenen Handlungen zu umgeschulten Linkshändern. Auch heute noch! Die Betroffenen selbst bekommen es größtenteils nicht einmal mit. Meist bemerken es die Erwachsenen gleichfalls nicht. Umschulung läuft in der Regel im Geheimen ab. Darum nenne ich sie die Geheimformen der Umschulung. Es gibt drei verschiedene Geheimformen. Zu ihnen zähle ich die „sanfte Umschulung", die „Selbstumschulung" und die „Umschulung durch Unwissenheit von uns Erwachsenen".

Sanfte Umschulung – Die erste Geheimform der Umschulung

Hierbei wird das Kind angehalten, die rechte Hand für Tätigkeiten zu nutzen. Das geschieht durch gutes Zureden, Lob oder auch Geschenke. Die Erwachsenen handeln sehr häufig in bester Absicht.

- So sagt ein Vater zu seinem siebenjährigen Sohn: „Ich bin umgeschulter Linkshänder und habe mein Abitur geschafft und studiert. Die Welt ist rechts, also mach' es auch mit rechts. Du wirst es einfacher haben." Besonders sehr angepasste Kinder setzen solche Ratschläge mit aller Konsequenz in die Tat um.

- Im Jahr 2002 berichtet mir eine Mutter von der Untersuchung ihrer Tochter anlässlich ihrer Einschulung. Die Tochter führt bisher alles mit links aus, nur beim Schreiben und Malen wechselt sie den Stift. Die Ärztin hat ihr empfohlen, einen kleinen, schönen Stein zu kaufen. Dann soll die Tochter drei Wochen lang beim Schreiben den Stein in die linke Hand nehmen und mit rechts schreiben. Sollte dies nicht funktionieren, müsse sie wohl mit links schreiben.

- In einer Bauernfamilie wird dem Kind, wenn es schön mit der rechten Hand schreibt, für das Ende der ersten Klasse ein Pony versprochen. Garantiert haben die Eltern in guter Absicht gehandelt. Gleichwohl bleibt es eine Beeinflussung, die nicht der naturgemäßen Anlage des Kindes entspricht.

Wissen Sie, wann wir Erwachsenen bei den Kindern die ersten Umschulungsversuche starten? Im Alter von 4 bis 10 Monaten. Dann nämlich drücken wir dem Nachwuchs die ersten Gegenstände in die Hand. Dazu gehört die Rassel, das kleine Stofftier, der erste Keks oder das Fläschchen. In dieser Entwicklungsphase reichen Sie die Gegenstände am besten immer über die Körpermitte Ihres Kindes. Es greift mit seiner Hand und zeigt Ihnen, welches seine starke Hand ist.

Selbstumschulung – Die zweite Geheimform der Umschulung

Kinder lernen hauptsächlich durch Nachahmung und Modellverhalten. Wenn sie in einer völlig rechtsorientierten Welt aufwachsen, kopieren sie viele der vorgelebten Verhaltensweisen. Die Vorbilder, seien sie nun Eltern, Großeltern, Kindergärtnerinnen oder Lehrer, leben zumeist Rechtshändigkeit vor. Auch viele Rituale, wie zur Begrüßung die Hand geben oder den Tisch eindecken, orientieren sich an der Rechtshändigkeit.

- Die Mutter von Paula ist in großer Sorge über ihre linkshändige Tochter in der dritten Klasse. Bisher führt sie alle Tätigkeiten mit links aus. Seit einigen Wochen hat sie das Schreiben heimlich mit rechts erlernt. Das „Schlimme" daran ist: Paula will nicht mehr Linkshänderin sein. Im Gespräch hat mir Paula die Gründe für ihre Entscheidung verraten. Sie ist jetzt einziger Linkshänder in der Klasse und das möchte sie nicht. Als sie vor einigen Tagen etwas an die Tafel schreiben sollte, hat die Kreide sehr laut gequietscht. Alle Mitschüler hielten sich die Ohren zu. Bei mir hat Paula als Erstes das Tafelschreiben ohne Quietschen erlernt. Dann haben wir herausgefunden, dass ihr Lieblingssänger auch mit links schreibt. Das findet sie toll. Außerdem hat sie noch das Linkshänder-Taschenmesser bekommen. Stolz zeigt sie es allen Kindern aus ihrer Straße. Seit dieser Zeit ist Paula selbstbewusster Linkshänder.

- Bei einem Vortrag in einer Grundschule zeige ich Eltern das Schneiden mit einer Linkshänder-Schere. In einem Nebensatz erwähne ich, dass manches Mal im Kindergarten keine Scheren für die linkshändigen Kinder vorhanden sind. Die Kinder nehmen dann einfach die Rechtshänder-Schere und schneiden mit rechts. Am nächsten Tag hat mich eine Mutter angerufen: „Ich habe heute früh im Kindergarten gleich nach den Linkshänder-Scheren gefragt. Die Erzieherin schaute durch den Raum und sagte: Die Linkshänder-Schere ist gerade in der anderen Gruppe."

Beim Fußball werden die ersten Schüsse der zwei- bis vierjährigen Kinder in der Mehrzahl der Fälle mit dem rechten Fuß gezeigt und geübt. Auch das Werfen wird zuerst rechts gezeigt und geübt. Ein guter Trainer weiß, im Sport sollten zuerst beide Seiten geschult werden. Später kann das Kind seine bevorzugte Seite mit viel mehr Erfolg einsetzen.

- Beim Mittagessen einer Familienfeier beobachte ich folgende Begebenheit: Mutter und Tochter sitzen nebeneinander am Tisch. Die dreijährige Tochter nimmt den Löffel in die linke Hand und beginnt mit dem Eisessen. Bevor der Löffel den Rand des Eisbechers erreicht, hat die Mutter ihn schon von der linken in die rechte Hand ihrer Tochter gewechselt. Alles ist blitzschnell gegangen. Später habe ich mit der Mutter über diesen Vorgang gesprochen. Sie konnte sich nicht daran erinnern, was sie gemacht hat. Sie weiß aber aus ihrer eigenen Kindheit, dass es bei ihr genauso geschehen war. Wahrscheinlich hat sie unbewusst gehandelt.

Umschulung durch Unwissenheit von uns Erwachsenen –
Die dritte Geheimform der Umschulung

Viele Erwachsene rechnen nicht im Geringsten damit, es könnte heute noch mit Linkshändigkeit irgendein Problem geben. Auch ich habe bis Anfang der neunziger Jahre des letzten Jahrhunderts zu den Ahnungslosen gehört. Heute stelle ich fest, die Menschheit befindet sich gerade in der Phase der Aufklärung.

Die Aufklärung über Linkshänder und Rechtshänder. Wir sind nicht mal mitten drin in dieser Phase, nein, sie hat gerade erst begonnen.

Aufgeklärten Eltern passiert zum Beispiel folgendes nicht: In den ersten drei Lebensjahren ist für die Eltern vollkommen klar, dass ihr Kind Linkshänder ist. Die Mutter hat schon die Schere und den Anspitzer für Linkshänder angeschafft. Innerhalb der nächsten drei Jahre wechselt die Tochter auf die rechte Seite. Zum Schuleintritt schreibt sie mit rechts. In der Annahme, ihre Tochter sollte sich dies selbst aussuchen, handeln die Eltern nicht. Die Probleme zeigen sich dann massiver in der ersten Klasse. Die Tochter wird bei mir getestet und erlernt erfolgreich das Schreiben mit links.

Vier Gründe, warum wir Umschulungen der Händigkeit nicht bemerken

1. Viele Eltern wissen es nicht: Mit der Geburt steht fest, ob ein Kind Linkshänder oder Rechtshänder ist. Häufig fördern sie die starke Körperseite nicht. Einfluss auf die Händigkeit übernimmt dann nur die rechtsgeprägte Welt.

2. Pädagogen in Kindergärten und Grundschulen sind zum Thema Linkshänder oft nicht aus- oder fortgebildet. Deshalb können sie die gesunde Schreibhaltung für Linkshänder nicht zeigen und nicht vermitteln. Sehr häufig fehlen ihnen Kenntnisse für die Elternberatung.

3. Den Linkshändern werden die ihrem Alter und der Entwicklung entsprechenden Gebrauchsgegenstände nicht zur Verfügung gestellt. Ein 20-Jähriger kommt in unser Geschäft. Er erzählt, dass er zum ersten Mal in seinem Leben einen Linkshänder-Anspitzer in der Hand hält. Auch eine Linkshänder-Schere hat er noch nie probiert. Sein spontaner Satz könnte genau darin seine Ursache haben: „Basteln habe ich immer gehasst."

4. Therapeuten gehen vielfach davon aus: der Nachwuchs ist natürlich Rechtshänder. Deshalb wird die rechte Körperseite stärker gefördert und nicht hinterfragt, ob die aufgetretenen Probleme im Zusammenhang mit einer versteckten Linkshändigkeit zu sehen sind.

Kenntnisse über Linkshändigkeit sind wichtig

Bei einem Vortrag in Bad Segeberg, der Saal ist mit 90 Gästen schon fast gefüllt, betritt fünf Minuten vor Beginn eine hochschwangere Frau den Raum. Sie bleibt stehen und hält Ausschau nach einem freien Sitzplatz. Ich gehe zu ihr hin und gebe ihr die Hand: „Herzlichen Glückwunsch, Sie kommen genau zum richtigen Zeitpunkt."

Sie sieht mich fragend an: „Bin ich etwa zu spät?"

„Nein, der beste Zeitpunkt für einen Vortrag über Linkshänder ist vor der Geburt des ersten Kindes." Sie antwortet lächelnd: „Es ist aber schon mein zweites."

Immer wieder suchen Eltern meine Praxis auf, denn sie vermuten, dass ihr Kind umgeschulter Linkshänder ist. Die Altersspanne der Kinder reicht von 6 bis 20 Jahre. Die Eltern bekommen von mir unter anderem die Aufgabe, aus den ersten sechs Lebensjahren Zeiger für Linkshändigkeit herauszufinden.

Sie kramen dann in ihren Erinnerungen, sichten Fotos und schauen alte Videofilme an. Und siehe da, es finden sich Zeiger ohne Ende. Eltern, die keine Kenntnisse über Linkshändigkeit besitzen, bemerken oftmals nicht die Linksseitigkeit ihres Kindes. Auf diese Weise haben die ersten beiden Geheimformen der Umschulung ein leichtes Spiel.

Ein Vater hat mir folgende Frage gestellt: „Warum hat uns denn nie irgendein Mensch auch nur ein einziges Wort gesagt?"

Passend dazu eine Erklärung von Martin Zips, wie er Linkshänder definiert: „Linkshänder sein ist die Kunst, seine Eigenart allen Unterdrückungsversuchen von rechts zum Trotz zu behaupten." Diese humorvolle Beschreibung hat bis heute leider nichts von ihrer Aktualität eingebüßt.

Umschulung der Händigkeit ist sehr einfach zu verhindern

Der dritten Geheimform der Umschulung – Umschulung durch Unwissenheit von uns Erwachsenen – können wir die Grundlage entziehen. Genauso wie die aufsteigende Sonne den Nebel über einem See auflöst, sorgen Fortbildungen, Seminare, Bücher und Fernsehsendungen dafür, die Geheimformen der Umschulung allmählich wie einen Nebel aufzulösen. Für einen einzelnen Menschen kann dieser Prozess einige Tage dauern, für die Menschheit wird er mehrere Generationen in Anspruch nehmen.

Wie ist die Geschichte mit Lilly und ihrer Tasse ausgegangen? Ich habe der Mutter gesagt, dass die Tasse auf jeden Fall links stehen muss. Notfalls solle sie die Tasse irgendwie unauffällig verschwinden lassen. Das war dann nicht erforderlich. Die Tante hat für Lilly eine Tasse mit dem Motiv rechts neben dem Henkel anfertigen lassen. Lilly stellt die Tasse seitdem nicht mehr um.

Wissen auf den Punkt gebracht

- Wir leben in einer stark rechtsorientierten Welt. Bis zum heutigen Tag werden linkshändige Kinder auf ihre schwächere rechte Körperseite umgeschult.
- Die gewaltsame Umschulung spielt gegenwärtig fast keine Rolle mehr.
- Heute läuft Umschulung der Händigkeit meistens unbemerkt, also im Geheimen ab. Die drei Geheimformen der Umschulung sind kaum bekannt. Sie wirken trotzdem.
- Die Menschheit befindet sich heute in der „Phase der Aufklärung über Linkshänder und Rechtshänder".
- Umschulung der Händigkeit vermeiden Sie, indem Sie sich solide Kenntnisse aneignen. Nutzen Sie dazu Fortbildungen, Seminare, Bücher und Fernsehsendungen.

BILD NR 6 **... natürlich mit links**

Und wenn sich unser Kind nicht für seine Hand entscheiden kann?

Im Juni 2002 kommen die Eltern von Paul in unsere Praxis. „Unser Sohn kommt in drei Monaten zur Schule. Wir sind jetzt schon fix und fertig. Sie sind unsere letzte Rettung!"

Was ist geschehen? Die Mutter ist vor einem Jahr erstmalig von der Kindergärtnerin angesprochen worden, ob ihr Paul Linkshänder sein könnte. Sie als Mutter hat darüber noch nie nachgedacht. Für sie ist nur klar: ihr Kind soll sich optimal entwickeln. Durch dieses Erlebnis ausgelöst, sammeln die Eltern jede Information, die sie bekommen können. Über Linkshänder weiß irgendwie jeder etwas zu sagen. Die Vielfalt der Meinungen und Empfehlungen von Eltern, Freunden und Nachbarn ist sehr groß.

Paul selbst wechselt häufig seine Führungshand. An manchen Tagen macht er sehr viel mit links und dann gibt es wieder Tage, an denen ist es genau andersherum. Seine Eltern können trotz der umfangreichen Informationen und der vielen Gespräche nicht herausfinden, ob Paul nun Links- oder Rechtshänder ist. Die Mutter fühlt schon, ihr Paul ist Linkshänder. Mit der näher rückenden Einschulung vergrößert sich ihre innere Unruhe. Nachts hat sie deswegen neuerdings Schlafstörungen. Die Hausärztin beendet die Phase des Herausfindens; sie empfiehlt dringend die Testung, damit für die ganze Familie, besonders aber für Paul, Klarheit geschaffen wird.

Ich teste Paul mit dem Ergebnis Linkshändigkeit. Sie können sich bestimmt vorstellen, dass es mit dem Testergebnis allein nicht getan ist. Zwei Wochen später führe ich mit der Mutter ein sehr aufschlussreiches Telefonat. Sie sagt: „Paul hat alles sehr gut aufgenommen. Am Tag des Tests war er skeptisch, aber nach einigen Stunden veränderte sich alles. Auf dem Weg nach Hause hat er im Auto gesagt: „Mama, das ist der schönste Tag in meinem Leben. Ich bin Linkshänder!" Er arbeitet seitdem schon gut mit links, ist deutlich besser drauf und hat das erste Mal seit fünf Jahren freiwillig gemalt."

Der Mutter gab ich noch den Tipp, der Kindergärtnerin, die Paul entdeckt hat, einen Blumenstrauß zu schenken. Denn sie hat diesen positiven Wandel ins Rollen gebracht. Viel zu selten geben wir Pädagogen eine positive Rückmeldung für ihre Arbeit.

Linkshänder oder Rechtshänder? Mit der Geburt steht es für ein Kind fest.

Wenn Sie jetzt denken, mein Gott ist das schwer, einen Linkshänder zu erkennen, dann kann ich Sie beruhigen. Es ist leichter als Sie vielleicht meinen.

Zuerst möchte ich auf zwei sehr verbreitete Ansichten eingehen, die regelrecht verhindern, dass Sie Ihren Linkshänder entdecken:

1. Viele Eltern gehen davon aus, erst zwischen dem dritten und sechsten Lebensjahr entscheidet sich, ob ihr Kind Linkshänder oder Rechtshänder wird. Diese Annahme ist falsch, denn unsere Gene bestimmen, ob wir Linkshänder oder Rechtshänder sind.

2. Viele Eltern sind überzeugt, ihr Kind selbst entscheidet sich in den ersten vier bis sechs Lebensjahren für die bevorzugte Ausrichtung. Auch diese Annahme ist nicht richtig. Ein Kind kann sich gar nicht entscheiden, denn spätestens mit der Geburt ist die Entscheidung gefallen.

Beide Denkweisen führen dazu, viele Zeiger für eine Linkshändigkeit nicht ernst zu nehmen. Zwar macht das Kind in seinen ersten Lebensjahren schon einiges mit links, aber wir Erwachsenen nehmen dies nicht wahr oder wissen nicht um die Bedeutung dieser Zeiger.

Das Linkshänder-Rechtshänder-Rätsel

Oft haben es Eltern sehr einfach, denn viele Kinder zeigen vom ersten Tag an ganz klar, ob sie Links- oder Rechtshänder sind. Eine Mutter schilderte das so: „Unser Sohn hat vom ersten Tag an wirklich alles mit links gemacht, wirklich alles und davon war er auch nicht abzubringen."

Wiederum andere Kinder haben es sich scheinbar zur Aufgabe gemacht, ihre Eltern mit einem Rätsel zu erfreuen: mit dem Linkshänder-Rechtshänder-Rätsel.

Sie verraten nicht so ohne Weiteres, ob sie Links- oder Rechtshänder sind. Wenn es bei Ihrem Kind auch so ist, gehen sie dieses Thema sportlich an. Sie werden sehen, es bereitet richtig Freude, dieses Rätsel zu lösen. Hierbei kann Sie eine Anleitung unterstützen, die ich Ihnen gerne mitgeben möchte. Wenn dieser empfohlene Weg für Sie passt, folgen Sie ihm einfach. Entscheidend für Ihr Kind und für Sie ist: Lösen Sie das Rätsel! Der allerspäteste Termin für Ihre Lösung ist ein Jahr vor der Einschulung.

Diese nachfolgenden Zeiger sind Bestandteil meiner Anleitung, um das Linkshänder-Rechtshänder-Rätsel zu lösen.

23 aussagekräftige Zeiger, an denen Sie ein linkshändiges Kind erkennen können.

In den ersten drei bis sechs Lebensjahren entdecken Sie mit diesen Zeigern wunderbar Ihren Linkshänder. Ich habe Zeiger ausgewählt, die auch wirklich aussagekräftig sind.

Hand

- Mit welcher Hand greift das Kind nach hingehaltenen Gegenständen?
- Hält Ihr Kind sein Fläschchen mit der linken oder rechten Hand?
- Mit welcher Hand nuckelt Ihr Kind?
- Mit welcher Hand spielt Ihr Kind zuerst im Mund?
- Ihr Kind erlernt das Essen mit dem Löffel, drücken Sie ihm in jede Hand einen. Welche Hand wird bevorzugt?
- Welche Hand hält das Kind zum „Händeschütteln" hin?
- Mit welcher Hand bohrt es in der Nase?
- Streichelt es Tiere mit der linken oder rechten Hand?
- Wenn Ihr Kind aufgeregt ist, welche Hand ist am Mund oder im Gesicht?
- Wird der Drehverschluss einer Flasche mit links oder rechts geöffnet?
- Beim erstmaligen Öffnen eines Marmeladenglases mit Schraubdeckel: Welche Hand hat mehr Kraft?

Fuß

- Auf welchem Bein kann Ihr Kind länger die Balance halten?
- Bitten Sie Ihr Kind, auf einem Bein zu hüpfen. Auf welchem Bein hüpft es?
- Beim Roller fahren: Mit welchem Bein stößt Ihr Kind sich vom Boden ab?
- Lassen Sie Ihr Kind ein Hindernis überspringen. Mit welchem Bein drückt es beim Absprung vom Boden ab? Welches ist das Absprungbein?

Ohr

- Flüstern Sie etwas. Mit welchem Ohr hört es zu?
- Sie lesen Ihrem Kind eine Geschichte vor: Welches Ohr dreht es mehr zu Ihnen?
- An welches Ohr hält Ihr Kind den Telefonhörer oder das Telefon?

Auge

- Geben Sie Ihrem Kind einen Fotoapparat, um ein Bild aufzunehmen. Mit welchem Auge schaut es durch den Sucher?
- Mit welchem Auge schaut Ihr Kind durch ein Kaleidoskop oder durch ein Fernrohr?
- Mit welchem Auge schaut Ihr Kind durch ein Schlüsselloch?

Ganzer Körper

- Ihr Kind dreht sich das erste Mal vom Rücken auf den Bauch. Dreht es sich über die linke Seite, dann ist es die typische Drehrichtung des Linkshänders.
- Macht Ihr Kind beim Tanzen die Drehungen lieber linksherum, d.h. entgegengesetzt der Uhrzeiger-Drehrichtung, dann ist es die Drehrichtung des Linkshänders.

Die Auswahl der Zeiger ist natürlich nicht vollständig. Benutzt das Kind spontan eher die linke Hand, das linke Bein oder gar das linke Auge oder Ohr, stehen die Chancen gut, dass es ein Linkshänder ist. Wichtig ist auch, mit welcher Hand oder mit welchem Fuß Ihr Kind geschickter ist und wo es mehr Ausdauer zeigt.

Für die Zeiger gilt immer: Besonders aussagekräftig sind Tätigkeiten, die nicht durch Erziehung und Nachahmung geprägt sind.

Hierzu ein Beispiel: Die zweijährige Karina besucht ihre Tante Brunhilde. Als Karina die Tante entdeckt, stürmt sie auf die Tante zu und ruft: „Hallo Tante Brunhilde" und reicht ihr die linke Hand zur Begrüßung. Was könnte Karina zu hören bekommen? Kennen Sie die Antwort?

„Gib das schöne Händchen" oder „Wir geben aber die rechte Hand!" Oder es gibt einen Klaps auf die falsche Hand, verbunden mit einem gespielten Lächeln.

Mit fünf Jahren kommt Karina wieder mal zu Besuch zur Tante. Wieder stürmt sie auf Tante Brunhilde zu und ruft: „Hallo Tante Brunhilde, ich habe mich so auf dich gefreut." Und reicht ihr sofort ohne zu überlegen die rechte Hand. Durch Nachahmung und Modellverhalten hat es Karina jetzt gelernt.

Der frühere Zeiger – spontanes Hand geben zur Begrüßung mit der linken Hand – war nur mit zwei bis drei Jahren zu sehen. Dann war er wegtrainiert. Und wenn die Eltern nicht aufgepasst haben, konnten sie den Zeiger nicht registrieren. Besonders die leistungsstarken und wachen Kinder geben bestimmte Zeiger wie Hand geben oder Spiegeln der Buchstaben nur einige Male preis. Einige der genannten Zeiger halten sich bis ins Erwachsenenalter.

Beziehen Sie wichtige Bezugspersonen mit ein

Beobachten Sie die 23 aussagekräftigen Zeiger über viele Monate. Beauftragen Sie andere wichtige Bezugspersonen Ihres Kindes wie z.B. die Oma und die Kinderfrau, auf die wichtigen Zeiger zu achten. Auch die Kindergärtnerin wird Ihnen ihre Beobachtungen mitteilen.

Führen Sie Tagebuch „Linkshänder oder Rechtshänder"

Und nun gehen Sie noch einen Schritt weiter. Diesen Tipp dürfen Sie besonders jungen Eltern gerne weitergeben. Sehr oft schreiben Eltern wichtige Ereignisse aus den ersten Lebensjahren ihrer Kinder auf, wie zum Beispiel der erste Zahn, das erste Lächeln, das erste Wort, die ersten Schritte, die lustigsten Äußerungen und das erste Fahrradfahren.

Erweitern Sie diese Notizen für Ihr Kind. Machen Sie sich ebenfalls Notizen zu den Zeigern für Links- und Rechtshänder. Schreiben Sie Ihre Beobachtungen auf. Machen Sie das wirklich schriftlich.

- Wichtig sind die Kategorien Datum, Ort, Zeiger, Augenzeuge und Bemerkungen.
- Start für Ihre Sammlung ist der Tag, an dem Ihr Kind das Licht der Welt erblickt hat.
- Diese Informationen können einmal sehr wichtig werden, nämlich dann, wenn Sie als Eltern das Linkshänder-Rechtshänder-Rätsel nicht selbst lösen können und Ihr Kind von einem Experten getestet werden muss.

Beispiel für eine Tabelle mit Beobachtungen von Zeigern zur Linkshändigkeit

Datum	Ort	Zeiger	Augenzeuge	Bemerkung
14.07.2009	Bonn	Rollerfahren	Oma Rita	Heute fährt Karola das erste Mal mit dem Roller, sie stößt immer mit dem linken Fuß von der Erde ab
17.07.2009	Kindergarten	Hand geben zur Begrüßung	Kinderfrau	Karola gibt oft die linke Hand
25.08.2009	Zu Hause	Streicheln Hund Georgi	Mama	Karola streichelt Georgi mit links

Ich möchte noch einmal betonen: Eltern, die fundierte Kenntnisse zur Linkshändigkeit besitzen, erkennen ihr Kind meistens schon in den ersten 6, 12 oder 24 Lebensmonaten.

Eine Mutter erinnerte sich an folgende Begebenheit, in der sie ihren linkshändigen Sohn entdeckt hat: Sie gab ihrem sechsmonatigen Sohn die Rassel in die Hand, natürlich in die rechte Hand. Er aber schaute unzufrieden drein, manchmal weinte er sogar. Durch Zufall drückte sie ihm die Rassel in die linke und siehe da, das Gesicht hellte sich auf und er lächelte. Diese Beobachtung war für die Mutter das erste große Achtungszeichen!

Gibt es Beidhänder?

Was ist mit den Beidhändern? Sie gibt es nicht. Hier ist es wie mit dem Geschlecht: entweder Junge oder Mädchen. Also entweder Linkshänder oder Rechtshänder. Meine Erfahrung lehrt mich, dass so genannte Beidhänder meistens genetische Linkshänder sind.

Nicht immer können Sie alle Zeiger erkennen

Bisher haben wir nur über gesunde Kinder gesprochen. Hat Ihr Kind z.B. Seh- oder Hörprobleme, dann können Sie die bevorzugte Seite beim Sehen oder Hören nicht ermitteln.

Einige Kinder haben bei der Geburt eine „Kopfgelenkinduzierte Symmetriestörung", auch Kiss-Syndrom genannt, davongetragen. Diese Blockade der Kopfgelenke und der Halswirbelsäule bewirkt eine sehr eingeschränkte Bewegungsfähigkeit des Kindes.

In beiden Fällen sollten Sie sich professionelle Hilfe suchen.

Wissen auf den Punkt gebracht – Teil I

- Mit der Geburt steht fest, ob wir Linkshänder oder Rechtshänder sind.
- Schon in den ersten drei Lebensjahren können Sie als Erwachsene die Seitigkeit Ihres Kindes fast immer sehr gut erkennen, wenn Sie ausreichende Kenntnisse darüber besitzen.
- Schreiben Sie nicht nur auf, wann der erste Zahn Ihres Kindes da ist und welches die ersten Worte sind. Führen Sie unbedingt Tagebuch zu den Zeigern, an denen Sie erkennen, ob Ihr Kind Linkshänder oder Rechtshänder ist.
- Allerspätestens ein Jahr vor Schuleintritt muss feststehen, mit welcher Hand Ihr Kind das Schreiben erlernen soll.
- Ein Mensch kann nur Linkshänder oder Rechtshänder sein. Beidhänder gibt es nicht!
- Beidhändig agierende Kinder sind oftmals genetische Linkshänder. Zur genauen Abklärung der Händigkeit wenden Sie sich an eine kompetente Fachkraft.

Woran erkennen Sie Linkshänder nicht?

Immer wieder orientieren sich Eltern an Zeigern, an denen Linkshändigkeit **nicht** zu erkennen ist. Ich habe sie in den letzten Jahren gesammelt und für Sie zusammengefasst.

Wenn Sie sich im Familien-, Freundes- oder Kollegenkreis darüber unterhalten, woran man Linkshänder erkennt, werden Sie ganz viele verschiedene Antworten und Ratschläge erhalten. Das ist vergleichbar mit einem Fußballspiel der Nationalmannschaft. Wie viele Nationaltrainer gibt es? Nun, es sind Hunderttausende, nämlich alle fußballinteressierten Männer. Sie wissen es besser als der Nationaltrainer, zumindest meinen sie das.

Mit Linkshändigkeit ist es genauso. Alle geben vor etwas zu wissen, aber oftmals sind es Halbwahrheiten. Sie wissen ja, Halbwahrheiten halten sich erstaunlich lange. Sie richten auch für Links- und Rechtshänder ein beachtliches Durcheinander an. Ganz besonders in der Frage, woran Linkshänder zu erkennen sind, gehen die Meinungen weit auseinander. Dies führt zu noch mehr Verwirrung, als dass es die Klarheit fördert. Deshalb habe ich für Sie Beispiele für falsche Zeiger zusammengetragen, Zeiger also, an denen Sie Linkshändigkeit **nicht** erkennen können.

Beispiele für „falsche" Zeiger

Mit diesen Zeigern können Sie **nicht** ermitteln, ob ein Mensch Linkshänder oder Rechtshänder ist.

- Arme vor dem Körper verschränken: Welcher Unterarm liegt vorne?
- Dem Kind im letzten Kindergartenjahr oder im ersten Schuljahr den Stift hinlegen: Mit welcher Hand nimmt es den Stift?
- Hände ineinander falten: Welcher Daumen ist oben?
- Beine übereinander schlagen: Welches Bein ist oben?
- Dem in der Seitigkeit verunsicherten Kind die folgende Frage stellen: „Bist du Linkshänder oder Rechtshänder, nun entscheide dich doch mal!"
- Sich mit guten Bekannten, Freunden, Schwiegermüttern, Nachbarn und Hobby-Therapeuten zur abschließenden Bestimmung zur Seitigkeit unterhalten, wenn diese keine fundierten Kenntnisse zum Thema haben. Das Gleiche trifft leider meistens auf Therapeuten, Lehrer und Mediziner zu. Sie haben zwar alle studiert, aber leider nur sehr wenig oder gar nichts zum Thema Linkshänder.
- Die folgende Schlussfolgerung ist meistens falsch: „Bisher hatten wir in unserer Familientradition nie einen Linkshänder, deshalb kann unser Kind auch niemals Linkshänder sein." In den vergangenen Generationen wurde leider rigoros und konsequent umgeschult. Das Sorgenthema Linkshänder

haben unsere Vorfahren meistens „links liegen gelassen" und oft völlig verdrängt.

- Der HDT (Hand-Dominanz-Test) nach Steingrüber/ Lienert: Der HDT kann nur sehr eingeschränkt herangezogen werden bei der Testung der Seitigkeit.

Wissen auf den Punkt gebracht – Teil II

- Auch heute noch gibt es einige Zeiger, an denen Sie die Seitigkeit eines Kindes, Jugendlichen oder Erwachsenen nicht erkennen können.
- Besonders Kinder können ihre eigene Seitigkeit nicht erkennen; sie sind auf unsere Hilfen angewiesen.
- Rat zum Thema Linkshändigkeit sollten Sie sich immer bei Profis holen, dann bleiben Ihnen Halbwahrheiten und Unwahrheiten aus dem Volksmund erspart.

BILD NR 7 Besonders der letzte Baustein wird mit der starken Hand gelegt.

Welche Arbeitsmaterialien braucht ein Linkshänder in den ersten sechs Lebensjahren?

Nehmen wir an, Sie treffen sich mit Freunden zum Essen im Restaurant. Vor dem Hauptgericht bestellen sich auch alle eine Vorsuppe. Das Angebot reicht von Spargelcremesuppe über Fleischbrühe bis zur Tomatensuppe. Sie wissen, die Tomatensuppe des Küchenchefs ist unübertroffen. Deshalb gibt es für Sie nur eine Entscheidung. Sie riecht traumhaft und schmeckt genauso. Voller Genuss essen Sie Ihre Tomatensuppe. Die anderen sind längst fertig, da haben Sie gerade die Hälfte Ihrer Suppe zu sich genommen. Ihnen fällt etwas auf: Sie haben keinen normalen Löffel bekommen, sondern einen Teelöffel. Auch fehlt bei Ihnen die Serviette. Es ist sonderbar, Sie kommen nicht auf die Idee, einen normalen Löffel und die Serviette nachzubestellen. Alle anderen haben beides bekommen.

Die anderen werden ein wenig ungeduldig. Das Hauptmenü wird serviert, wenn der letzte mit der Suppe fertig ist. Jetzt warten alle nur auf Sie. Sie füllen Ihren Löffel etwas voller und löffeln schneller. Die Freude am Essens und der Genuss sind irgendwie dahin. Als „Krönung" landet auf Ihrem Hemd ein richtig schöner Klecks Tomatensuppe. „Toll", denken Sie, „ich muss das Hemd nur noch acht Stunden tragen!" Jetzt haben Sie erst mal genug und keine Lust mehr auf das Essen. Den Rest der Tomatensuppe lassen Sie stehen.

Genauso wie Ihnen als Restaurantbesucher geht es linkshändigen Kindern, wenn sie die für sie geeigneten Gebrauchsgegenstände nicht zur Verfügung haben.

Ohne die richtigen Gebrauchsgegenstände haben Linkshänder ein Problem

Verwenden Erwachsene unpassende Arbeitsmaterialien, quälen sie sich durch die unbequemen Situationen hindurch. Einige Kinder reagieren auf die gleiche Weise. Etwas Wichtiges wie die Schere für Linkshänder halten wir zu Hause und im Kindergarten oftmals nicht bereit. Das Kind nimmt dann die Rechtshänder-Schere und schneidet mit rechts. Mit der schwächeren Hand gelingt das Schneiden aber nicht so gut, manchmal gelingt es gar nicht. So entsteht keinerlei Bastelfreude. Andere Kinder vermeiden das Schneiden, so gut es geht. Die Mutter stellt fest: „Mit dem Basteln hat mein Kind nichts am Hut".

Wir Erwachsenen nehmen in so einem Fall zum größten Teil ausschließlich die Unlust am Schneiden wahr. Kaum jemand macht sich die Mühe, die wahre

Ursache zu entdecken. Es ist einfach die falsche Schere für die falsche Hand. Sehr häufig erlebe ich, wie dasselbe Kind sich innerhalb weniger Tage verwandelt, wenn das passende Gerät zur Verfügung steht. Schneidet es mit der Linkshänder-Schere in seiner linken Hand, arbeitet das Kind mit Präzision, Ausdauer und Freude. Ähnliches erleben Eltern, wenn ihr Kind nicht den Anspitzer für Linkshänder verwendet. Wer spitzt dann die Buntstifte an? Mama natürlich!

Gebrauchsgegenstände für Linkshänder von Anfang an bereitstellen

An dieser Stelle empfehle ich Ihnen dringend: Stellen Sie die Gebrauchsgegenstände für Linkshänder von Anfang an zur Verfügung. Schon für die ersten Schneideversuche braucht der Linkshänder seine Linkshänder-Schere.

Denken Sie bitte an die Geschichte im Restaurant. Sie essen doch Ihre Suppe auch nicht mit dem kleinen Löffel, oder? Nur wenige Kinder kommen auf die Idee und bestellen den großen Löffel selbst. Tun Sie es deshalb.

Linkshändern „ihre" Arbeitsmaterialien vorzuenthalten ist der Versuch, sie den ganzen Tag auf einem Bein hüpfen zu lassen.

Wenn es jetzt um die Gebrauchsgegenstände für linkshändige Kinder geht, stelle ich Ihnen die hundertprozentig wichtigen vor.

Was schätzen Sie, in welchem Alter braucht ein Linkshänder seine ersten Gebrauchsgegenstände? Das geht mit ungefähr anderthalb Jahren los. Greift Ihr Kind beim Essen den Löffel mit der linken Hand, belassen sie es dabei. Sie laufen sonst Gefahr, Ihr Kind selbst umzuschulen.

Essen als Linkshänder

Kennen Sie aus Ihrer Kindheit den Kinderlöffel und Schieber? Beides gibt es auch für linkshändige Kinder. Damit umgehen zu lernen, ist ein gutes Training und bereitet das Essen mit dem Besteck vor.

Wenn Ihr Kind für Sie eindeutig Linkshänder ist, decken Sie den Löffel immer links ein. Ebenso steht die Tasse links, der Teller rechts. Ach ja, nicht zu vergessen das Trinkglas, es gehört ebenfalls auf die linke Seite.

Traditionell wird der Tisch für Rechtshänder eingedeckt. Diese Tradition modernisieren wir und decken den Tisch entsprechend für den Linkshänder ein. Ein linkshändiger Gast wird dies als sehr aufmerksam und angenehm empfinden. Achten Sie in gastronomischen Einrichtungen auf das Gedeck und passen Sie es gegebenenfalls für Ihr linkshändiges Kind an.

Ein Linkshänder wird Vegetarier

Ein 16-jähriges linkshändiges Mädchen hat sich entschieden Vegetarier zu werden. Den wahren Grund hierfür verrät mir ihre Mutter. Die Tochter hält das

Messer beim Essen immer in der rechten Hand und bekommt es einfach nicht hin, Fleisch zu schneiden. Nicht selten liegt das Fleisch neben dem Teller. Deshalb hat sie beschlossen, generell auf Fleisch zu verzichten.

Beim Essen mit Besteck gehört das Messer in die linke Hand. Denn zum Schneiden wird mehr Kraft, Geschick und Feingefühl benötigt. Weist das Messer einen Wellenschliff auf, muss dieser auf der linken Seite zu sehen sein.

Zähne putzen mit links

Das Zähneputzen erlernt Ihr Kind mit der linken Hand. Auf Sie als Eltern kommt die wunderbare Aufgabe zu, es ihrem Kind beizubringen. Sind Sie selbst Linkshänder, haben Sie es leicht. Sind Sie Rechtshänder, schaffen Sie es mit einem kleinen Trick.

Stellen Sie sich ihrem Kind einfach gegenüber und zeigen Sie das Reinigen der Zähne mit Ihrer rechten Hand. Für Ihr Kind sind Sie jetzt Linkshänder. Sollten Sie es mit links vorführen, sagen Sie nicht: „Oh, ist das schwer. Ich kann das nicht!"

Was sagt dann Ihr Kind? „Ich kann das nicht, es ist so schwer!"

Sagen Sie als Rechtshänder lieber: „Zähneputzen mit links ist so einfach. Selbst ich als Rechtshänder kann es!"

Lassen Sie nicht zu, dass Ihr Linkshänder sich das Zähneputzen mit rechts angewöhnt. Denn mit der schwachen rechten Hand werden die Zähne oft „geschrubbt". Zudem ermüdet diese Hand schneller. Die Sauberkeit der geputzten Zähne lässt sehr zu wünschen übrig oder das Zähneputzen wird gleich ganz „vergessen".

Beziehen Sie wichtige Bezugspersonen mit ein

Insbesondere das Zähneputzen eignet sich sehr gut, die wichtigsten Bezugspersonen Ihres Kindes mit ins Boot zu holen. Das können Oma, Opa, aber auch Tante, Onkel und gute Freunde sein. Ganz, ganz wichtig sind die eventuell vorhandene Kinderfrau und die Kindergärtnerin.

Folgende Rechnung unterstreicht dies: Ihr linkshändiges Kind geht in den Kindergarten; dort putzt es die Zähne täglich ein-, zwei- oder dreimal. Irgendwie passiert es, Ihr Linkshänder putzt wie einige rechtshändige Kinder einfach mit rechts. Das bedeutet bei fünf Tagen in der Kindergartenwoche: 5-mal, 10-mal oder 15-mal putzen mit der schwachen Hand. Und das in nur einer Woche! Das geschieht, wenn die Erzieherin keinen Einfluss nimmt. Zu Hause wundern sich die Eltern später darüber, dass ihr linkshändiges Kind die Zähne immer öfter mit der schwächeren rechten Hand putzt. Nehmen Sie also als Eltern unbedingt Kontakt zur Kindergärtnerin auf.

Gebrauchsgegenstände im Kindergartenalter

Im Kindergartenalter braucht Ihr Kind spezielle Arbeitsmaterialien. Hierzu gehören die Linkshänder-Schere, der Anspitzer mit der Drehrichtung von rechts nach links, dicke Wachsmaler und dicke Buntstifte in Dreiecksform. So unterstützen Sie von Anfang an das Einüben der gesunden Schreibhaltung für Linkshänder. Der Stift liegt auf dem Mittelfinger, Zeigefinger und Daumen schließen am unteren Rand. Eine spezielle Schreibunterlage ist für linkshändige Kinder im Kindergartenalter ein Muss. Lernt Ihr Kind vom Start weg das zu bemalende Papier ein wenig zu drehen (30°), dann tragen Sie dazu bei, dass Ihr Kind dauerhaft in gesunder Haltung schreibt und malt – und nicht in die so genannte Hakenhaltung verfällt.

Mittlerweile gibt es erste Spielzeuge, die den Bedürfnissen linkshändiger Kinder angepasst sind. Die Drehkurbel für ein Kranauto befand sich immer auf der rechten Seite. Die neue Konstruktion enthält die Drehkurbel links und rechts. So kann jedes Kind beim Spielen seine starke Seite nutzen.

Fördern Sie im Sport die linke Körperseite

Für den sportlichen Erfolg ist es wichtig, die starke Körperseite herauszufinden und zu trainieren. Ihr Kind hat den meisten Spaß mit dem Ball, wenn es dieses Spiel- und Sportgerät mit seiner dominanten Körperseite führt; nämlich mit dem linken Fuß oder der linken Hand. Im Fußball gibt es bis heute noch zu wenig aktive Linksfüßer. Und wenn wir an die Sportarten Tischtennis, Tennis, Handball, Basketball und Volleyball denken, so bleiben die Linkshänder, wenn sie von Anfang an „ihre" Seite trainieren, eine echte sportliche Herausforderung für alle rechtshändigen Gegner.

Von A wie Anspitzen bis Z wie Zähne putzen: Ihre Mühe lohnt sich

Vielleicht haben Sie jetzt eine ganze Reihe von Aufgaben bemerkt, die auf Sie als Eltern, Großeltern, Pädagogen und Interessierte zukommen. Jeder Linkshänder erlernt in den ersten sechs Lebensjahren wichtige Gebrauchsgegenstände, mit denen er wichtige Tätigkeiten ausführt. Geben Sie dem Linkshänder gleich seine speziellen Gebrauchsgegenstände. Hierfür braucht er Ihre Hilfe. In sechs Jahren ist das bestimmt gut zu schaffen, oder? Linkshändigkeit tatsächlich zu leben, erfordert in dieser rechtshändigen Welt auch von Ihrer Seite kontinuierliche Aufmerksamkeit – mit vielen kleinen Schritten. Mit der passenden Einstellung ist das gut machbar. Rom ist auch nicht an einem Tag erbaut worden.

Mit den richtigen Arbeitsmaterialien ist jeder erfolgreicher im Leben. Auch Linkshänder brauchen ihre speziellen Arbeitsmaterialien.

Ich möchte Ihnen an dieser Stelle versichern: Ihr Einsatz und Ihre zusätzliche Mühe lohnen sich sehr. Denn in keiner Lebensphase des Kindes stellen Sie die Weichen auf Linkshändigkeit so sehr wie in den ersten sechs Lebensjahren. Es ist ein Unterschied, ob unser Linkshänder die Zähne mit links vollkommen locker, entspannt und mit Freude putzt, oder ob er sich mit seiner schwachen, verkrampften rechten Hand regelrecht quält. Jeder einzelne mit Freude, Leichtigkeit und Regelmäßigkeit geputzte Zahn wird so noch Jahrzehnte später gute Dienste leisten.

Wissen auf den Punkt gebracht

- Linkshänder sollen von Anfang an die wichtigen Tätigkeiten, wie z.B. mit dem Löffel essen, Zähne putzen, Malen und Fußball spielen, mit der linken Hand oder dem linken Fuß ausführen.
- Sorgen Sie rechtzeitig dafür, dass Ihr Linkshänder die speziellen Gebrauchsgegenstände zur Verfügung gestellt bekommt. Das ist nur der erste Schritt. Sorgen Sie auch dafür, dass Ihr Linkshänder die Arbeitsmaterialien benutzt. Hierfür brauchen besonders Sie selbst Geduld und Ausdauer. Erinnern Sie sich immer wieder daran, wofür Sie dies alles tun.
- Achten Sie darauf, dass die wichtigen Bezugspersonen Ihres Linkshänders wie Oma, Kinderfrau und Kindergärtnerin mit einbezogen werden. Unterschätzen Sie nicht, welchen Einfluss diese vertrauten Menschen auf Ihr Kind haben.
- Im Kindergartenalter erlernen Kinder die Mal- und Stifthaltung. Die entsprechende Schreibunterlage für Linkshänder ist dafür sehr wichtig. Wir Erwachsenen müssen dem Kind die Mal- und Stifthaltung zeigen können.
- Bedenken Sie: Nie wieder im Leben Ihres Linkshänders stellen Sie die Weichen so sehr wie in den ersten sechs Lebensjahren. Gebrauchsgegenstände sind in dieser Entwicklungsphase ganz entscheidend.

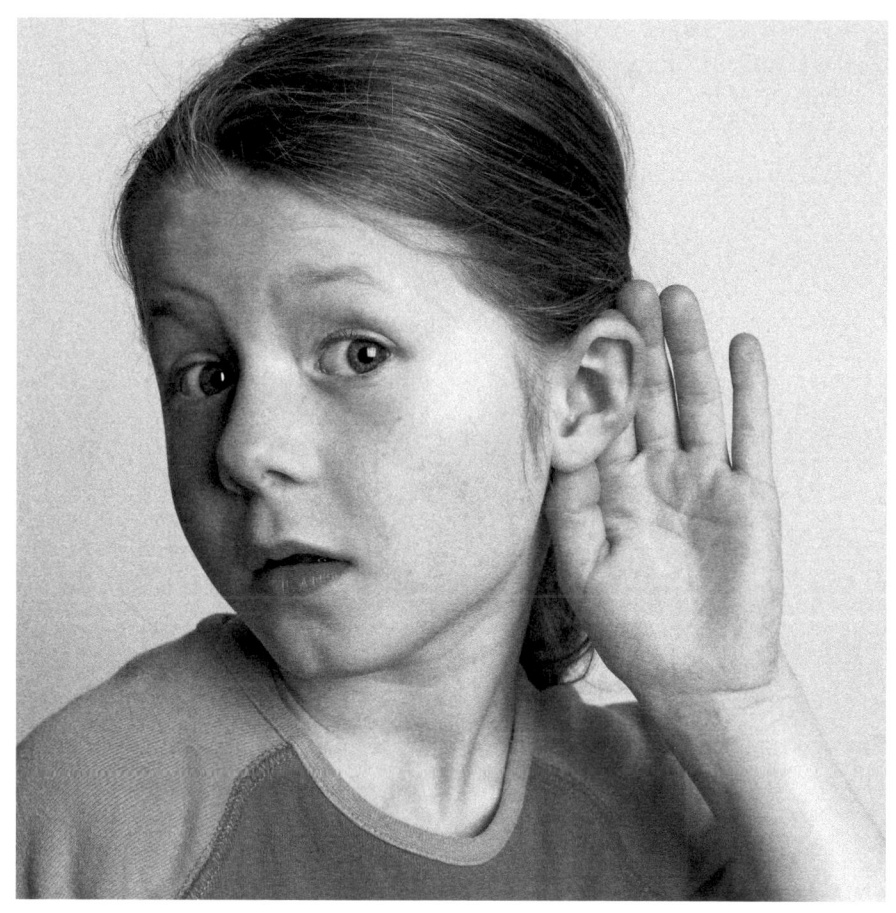

BILD NR 8 Gelauscht wird mit links.

Warum schreiben Linkshänder in der Hakenhaltung?

Eine Mutter kauft in unserem Geschäft für Linkshänder einen Füller für ihren linkshändigen Sohn. Der Achtklässler selbst ist beim Einkauf nicht dabei. Die Verkäuferin empfiehlt deshalb ein Schreibgerät, mit dem sehr viele Linkshänder wunderbar schreiben können. Ein Füller also, mit dem die Mutter nichts falsch macht.

Zwei Tage später steht die Mutter wieder im Geschäft. Der Sohn ist dieses Mal mitgekommen. Sie möchten den Füller tauschen; er funktioniert nicht richtig und die Feder lässt die Tinte mal mehr, mal weniger fließen. Die linkshändige Verkäuferin testet das Schreibgerät nun selbst und siehe da, es schreibt wunderbar. Am Füller also liegt es nicht.

Jetzt darf der Sohn unter den Augen der Verkäuferin schreiben. Schon kurz bevor der Füller das Papier berührt, weiß sie, wie der Schreibversuch ausgeht. Sie erkennt bereits im Ansatz die Ursache für das Versagen des Füllers: der Jugendliche schreibt von oben. Sein linker Unterarm ist weit auf den Tisch geschoben, die Hand mit dem Füller hält er zum Körper hin. Wieder fließt die Tinte unregelmäßig aus dem Schreibgerät. Der Junge schreibt in der so genannten Hakenhaltung (siehe Foto 26 im Anhang). Das vertragen die meisten Füller nicht. Sie sind regelrecht „verschnupft", deshalb kratzen sie und lassen die Tinte unregelmäßig oder gar nicht fließen.

Füller lieben die Hakenhaltung meistens nicht

Scherzhaft könnten wir auch sagen: Die Konstruktion des Füllers passt nicht zur Stift- und Sitzhaltung des Jugendlichen. Anders gesagt: Der junge Mann schreibt in einer Stift- und Sitzhaltung, für die der Füller nicht konstruiert wurde und die auch für ihn selbst ungesund ist. Dieser Jugendliche schreibt in der einfachen Hakenhaltung, wie ich sie häufig beobachte (siehe Foto 26 im Anhang). Viele Linkshänder schreiben in dieser Haltung, zum Beispiel auch US-Präsident Barack Obama.

Des Weiteren gibt es die extreme Hakenhaltung (siehe Foto 27 im Anhang).

Probieren Sie die Hakenhaltung

Ich möchte Sie einladen, einmal selbst die Hakenhaltung zu testen und zu bewerten. Wenn Sie Rechtshänder sind, sollten Sie erst recht mitmachen. Als Erstes setzen Sie sich an einen Tisch, auf den Sie ein DIN-A-4-Blatt legen. Nehmen

Sie einen Bleistift, Bunt- oder Filzstift in Ihre linke Hand. Sie halten den Stift wie sonst mit Ihrer rechten Hand. Jetzt setzen Sie den linken Ellenbogen auf den Tisch. Dann knicken Sie das Handgelenk Ihrer linken Hand ab, so dass Stift und Hand zu Ihnen zeigen.

Hand und Unterarm bilden jetzt den so genannten Haken. Tut schon etwas weh? Machen Sie trotzdem weiter. Denken Sie an die Linkshänder, die es täglich so tun. Nun schreiben Sie die Zahlen von 1 bis 10 oder bis 20 auf das Papier. Das Foto 26 im Anhang kann Ihnen als Orientierung dienen. Die junge Frau dort zeigt die einfache Hakenhaltung, die vielfach zu beobachten ist. Alle diejenigen, die es noch anstrengender möchten, dürfen die extreme Hakenhaltung einnehmen und die Zahlen von 1 bis 30 schreiben. Als Orientierung nutzen Sie Foto 27 im Anhang. Bitte lesen Sie erst weiter, wenn sie die einfache oder sogar die extreme Hakenhaltung probiert haben.

Wie ist es Ihnen ergangen? Tat Ihnen das Handgelenk beim Überdehnen weh? Hat es irgendwo geknackt, in der Schulter oder im Rücken? Konnte Ihre Hand sich frei bewegen?

Was haben Sie beim Schreiben geäußert? Ich kenne Äußerungen wie: „Das geht doch gar nicht", „Ich kann nicht mehr", „Die Linkshänder tun mir leid" oder „Wer hat sich denn diese Schreibtechnik ausgedacht?"

Vielleicht haben Sie ja schon vor der letzten Zahl kapituliert. Spätestens in diesem Punkt haben Sie wahrscheinlich das Gefühl dafür gewonnen, wie es Linkshändern mit der Hakenhaltung geht.

Sie werden mir zustimmen: Der in der Hakenhaltung Schreibende sieht nicht gerade ästhetisch aus. So manch einer von Ihnen wird denken, zum Glück bin ich kein Linkshänder, sonst müsste ich mich auch so verbiegen.

Die Hakenhaltung erzeugt oft körperliche Beschwerden

Als ich das erste Mal einen Jungen aus der sechsten Klasse in seiner extremen Hakenhaltung schreiben sah, dachte ich: Hoffentlich macht er kein Abi in dieser Schreibhaltung, denn sonst muss er noch sieben Jahre lang so sitzen. Krankengymnasten kennen die Folgen der einfachen und extremen Hakenhaltung:

- Verkrampfungen in der linken Hand,
- Schmerzen im linken Unterarm,
- Ausrenkungen in der Halswirbelsäule,
- Verspannungen im gesamten Oberkörper.

In der Folge entstehen weitere Schwierigkeiten. Oft leidet die Schrift, nicht selten entwickelt sich eine extreme Schreibunlust. So manch ein Aufsatz wird deshalb sehr kurz. Nach der Schulzeit halten etliche Betroffene den Kopf schief und ihr Rücken ist verdreht oder gewölbt. Als Krönung dürfen sie sich noch abwertende Bemerkungen anhören. Und meinen Sie, es ist ein Vorteil in der

Partnerwahl, wenn ein junger Mann in der Disco ein Mädchen zum Tanzen auffordert und hierbei den Kopf immer schief zur Seite geneigt hält?

Für Kinder, die in der ersten Klasse das Schreiben in der Hakenhaltung erlernen, müsste das Unterrichtsthema nicht „Schreiben lernen" heißen, sondern „Plagen lernen".

Wie entsteht die Hakenhaltung? Sie ist ein schulgemachtes Problem, kann sich allerdings schon früher ausbilden.

Es gibt 3 + 1 Gründe für das Entstehen der Hakenhaltung

Grund 1

Im Kindergartenalter wird die richtige Sitz- und Stifthaltung oft nicht trainiert. Das zu ändern ist wünschenswert! Spätestens im letzten Jahr vor Schuleintritt sollten alle Kinder regelmäßig in der richtigen Haltung malen und erste Schreibübungen ausführen. Natürlich brauchen die Kinder nicht Zahlen und Buchstaben zu schreiben. Einfache Striche, Kreuze, Kreise oder Wellenlinien erfüllen diese Aufgabe wunderbar.

Das Schreiben mit dem Schreibgerät ist eine Arbeitstechnik, deshalb muss die Sitz- und Stifthaltung gezeigt und vermittelt werden. Das ist Aufgabe der Kindergärtnerin oder Vorschullehrerin. Linkshändige Kinder, die im Erlernen der Stift- und Sitzhaltung sich selbst überlassen werden, schreiben später irgendwie. Meistens ist es die falsche Technik. Hier wird ein „idealer" Nährboden für die unerwünschte Hakenhaltung geschaffen.

Viele Kindergärten leisten Vorbildliches. Erzieherinnen, die zu meiner Trainingsempfehlung eine andere Auffassung haben, möchte ich folgenden Vorschlag unterbreiten: Vereinbaren Sie mit der Grundschullehrerin einen Hospitationstermin und schauen Sie Schülern der ersten Klasse bei ihren Schreibübungen zu. Sie werden erstaunt sein, welche Probleme einige Kinder mit ihrer selbst erfundenen Schreibtechnik haben. Spätestens dann verstehen Sie meinen Appell an die Pädagogen:

Liebe Pädagogen in den Kindergärten und Grundschulen, bitte erlernen Sie die gesunde Schreibhaltung für Linkshänder!

Grund 2

Den direkten Weg in die Hakenhaltung möchte ich am Beispiel des linkshändigen Max aus der ersten Klasse aufzeigen. Auch er erlernt das Schreiben der Buchstaben mit einer einfachen, bewährten Methode. Der Lehrer schreibt den Buchstaben links auf der Heftseite vor. Max schreibt den Buchstaben die ganze

Zeile nach. Heute übt Max das große „B". Er sieht sich das Bild vom „B" an und schreibt es nach. Wieder schreibt er das „B". Selbst beim vierten Mal ist Max mit der Schönheit seines Werkes nicht zufrieden. Der untere Bauch ist sehr klein geraten. Jetzt schaut Max das Original erneut an. Doch das große „B" ist nicht mehr da. Kann es auch nicht, denkt Max, denn seine Hand verdeckt das „B".

Max schreibt noch die Zeilen mit dem „O", „H" und „G". Immer sind die Buchstaben weg. Dann hat er die Idee! Max dreht seine linke Hand nur etwas nach oben und schon hat er die Buchstaben seines Lehrers immer im Blick. Max hat auf diese Weise die leichte Hakenhaltung eingenommen. Die Buchstaben und Zahlen kann er mit dieser Strategie gut schreiben.

Wissen Sie, welchen Trick der Lehrer anwenden kann, um die leichte Hakenhaltung zu verhindern? Er schreibt die Buchstaben und Worte auf der rechten Heftseite vor. Denn die rechte Blattseite wird von der linken Schreibhand nicht verdeckt (siehe Foto 29 im Anhang).

Grund 3

Einige Monate sind ins Land gegangen; Max geht in die zweite Klasse. Er freut sich auf zwei „Großereignisse". Die Kinder erlernen die Schreibschrift und dürfen gleichzeitig mit dem Füller schreiben. Max schreibt die ersten Zeilen mit seinem neuen Füller. Wunderbar leicht gleitet die Feder über das Papier. Max ist begeistert. Nach der Hälfte des Blattes bemerkt er blaue Tinte an seinem Handballen. Das kann er abwaschen. Schlimmer ist die verwischte Schrift. Max ist traurig, wollte er doch einer der Besten mit seiner Schrift sein.

Den entscheidenden Tipp bekommt Max von der linkshändigen Karola. In der Pause zeigt sie ihm ihren Trick. Sie dreht die Hand noch weiter nach oben. Die Hand liegt jetzt über der Zeile und kann die Tinte nicht mehr verwischen. Das schafft Max auch, aber so anstrengend hatte er sich das Schreiben mit dem Füller und die Schreibschrift nicht vorgestellt.

Grund 3+1

Es könnte auch sein, dass der linkshändige Max eine wichtige Bezugsperson hat, die ebenfalls Linkshänder ist und in der Hakenhaltung schreibt. Diese Bezugspersonen sind zumeist ältere Geschwister, Eltern, die beste Freundin, der beste Freund, die Kindergärtnerin und ganz besonders die Lehrer der Grundschule. Wie Ihnen sicher bekannt ist, lernen Kinder sehr stark durch Nachahmung. Kinder kopieren von ihren Vorbildern nicht nur die vielen guten Seiten, sie kopieren auch die Hakenhaltung.

Es gibt die „Gesunde Schreibhaltung für Linkshänder"

Linkshänder können unverkrampft, locker und wunderschön schreiben. Auch beim Schreibtempo haben sie keine Nachteile. Das gelingt, wenn sie die „Gesunde Schreibhaltung für Linkshänder" praktizieren. Es ist eine Schreibtechnik, die erlernt werden muss.

Am Anfang nutzt das Kind dicke Wachsmaler und dicke Buntstifte in Dreiecksform. Sie garantieren von Anfang an, dass Ihr Kind die richtige Stifthaltung erlernt. Der Stift liegt auf dem Mittelfinger, Zeigefinger und Daumen schließen am unteren Stiftrand. Das ist der so genannte Pinzettengriff. Den Begriff Pinzette kennen alle Kinder und können sich etwas darunter vorstellen. Das Stiftende zeigt zur linken Schulter (siehe Foto 21 im Anhang). Eine Schreibunterlage für linkshändige Kinder ist im Kindergarten ein unbedingtes Muss. Das Kind erlernt so vom ersten Tag an, das zu bemalende Blatt Papier ein wenig zu drehen (30°). Wir vermeiden damit das Abgleiten in die so genannte Hakenhaltung beim Malen und Schreiben.

In der ersten Klasse nutzt das Kind die Schreibunterlage weiter. Mitte der 2. Klasse ist die „Gesunde Schreibhaltung für Linkshänder" normalerweise automatisiert (siehe Foto 23 im Anhang).

Ich kann Ihnen aus meiner Erfahrung bestätigen, die „Gesunde Schreibhaltung für Linkshänder" kann jedes Kind erlernen.

In einem Seminar sah ich einen ungefähr 60-jährigen Linkshänder in wunderbarer Schreibhaltung schreiben. Er erzählte mir später mit amerikanischem Akzent von seinem Werdegang in der Schule in den USA. Ich fragte ihn, wer ihm die tadellose Schreibhaltung beigebracht habe. Er antwortete: „Nun, darum hat sich keiner gekümmert. Das habe ich mir alleine so überlegt."

Wer sorgt für die „gesunde Schreibhaltung für Linkshänder"?

Sie wissen jetzt bereits, wie ungenügend die Rahmenbedingungen für das linkshändige Schreiben häufig sind. Gründe hierfür gibt es viele.

Mal sagt die Kindergärtnerin: „Das linkshändige Schreiben lernen die Kinder in der Grundschule. Machen Sie doch bitte nicht die Pferde scheu."

Mal sagt der Lehrer: „Es gibt wichtigere Dinge, um die ich mich zuerst kümmern muss."

Wie gewichtig die Gründe auch sein mögen, eines ist gewiss: Die Hakenhaltung reibt sich zuversichtlich die Hände.

Es gibt nur eine Institution, vor der sich die Hakenhaltung wirklich „fürchtet". Diese Institution beschafft Arbeitsmaterialien, führt Gespräche mit der Kindergärtnerin und dem Lehrer, motiviert den kleinen Linkshänder und kann das linkshändige Schreiben zeigen. Diese Institution heißt „Eltern". Falls Sie Eltern eines linkshändigen Kindes sind, bedenken Sie, auch Ihr Linkshänder kann vollkommen entspannt, locker und mit Freude links schreiben. Geschenkt aber bekommen Sie dieses Stück Lebensqualität in der Regel nicht.

Lässt sich die Hakenhaltung korrigieren?

Beim Lesen dieses Kapitels ist für einige Leser garantiert eine Frage unbeantwortet geblieben: Einmal Hakenhaltung – immer Hakenhaltung? Aus meiner Erfahrung kann ich Ihnen sagen: Eine Hakenhaltung kann immer korrigiert werden. Und zwar in jedem Alter. Wenn es Sie betrifft und Sie es wirklich möchten, werden Sie die „Gesunde Schreibhaltung für Linkshänder" erlernen.

Einige Linkshänder schaffen dieses lohnenswerte Ziel allein. Sie benötigen nur eine Vorlage, wie zum Beispiel die Fotos in diesem Buch. Die meisten sollten einen guten Trainer engagieren. Er kennt das methodische Vorgehen, bestimmt den Umfang ihrer Übungen und legt mit Ihnen einen genauen Zeitplan fest. Sie müssen eine Eigenschaft mitbringen: Willensstärke. Vielleicht sagen Sie jetzt: „Kein Problem, ist ja eine Stärke der Linkshänder."

Eine 45-jährige Bankangestellte hat in einem Schreibkurs ihre Hakenhaltung korrigiert und die „Gesunde Schreibhaltung für Linkshänder" erlernt. Am ersten Arbeitstag mit der neuen Schreibhaltung bediente sie eine ältere Dame am Bankschalter. Diese sagte zu ihr: „Sie können ja mit links schreiben ohne diese komische Haltung."

Wissen auf den Punkt gebracht

- Bis heute schreiben viele Linkshänder in der Hakenhaltung. Diese Schreibtechnik bringt Probleme wie Hand- und Unterarm-Schmerzen, Verspannungen im ganzen Oberkörper und Ausrenkungen der Halswirbelsäule mit sich. Die Hakenhaltung ist ungesund!

- In die Wege geleitet wird die Hakenhaltung im Kindergartenalter, in erster Linie ist sie ein schulgemachtes Problem.

- Eine Hakenhaltung kann immer und in jedem Alter korrigiert werden. Sollte es Sie betreffen und Sie es wirklich wollen, dann werden Sie die „Gesunde Schreibhaltung für Linkshänder" erlernen. Die Mühe lohnt sich. Sie investieren damit in Ihre Gesundheit und in Ihr Wohlbefinden.

- Alle linkshändigen Kinder können die „Gesunde Schreibhaltung für Linkshänder" erlernen. Eine spezielle Schreibunterlage unterstützt das Gelingen.

- Sollten Sie Eltern eines Kindes sein, das gerade das linkshändige Schreiben erlernt: auch Ihr Kind kann vollkommen unverkrampft, locker und mit Freude schreiben. Keiner im Umfeld Ihres Kindes stellt die Weichen für die weitere Entwicklung so entscheidend wie Sie.

- Wenn Sie Pädagoge im Kindergarten oder in der Grundschule sind: Lernen Sie selbst die „Gesunde Schreibhaltung für Linkshänder"! Sie werden die grundlegende Technik mit Erfolg demonstrieren, vermitteln und korrigieren. Besonders Ihre linkshändigen Schüler und deren Eltern werden Ihnen sehr dankbar sein.

BILD NR 9 Die schärfsten Bilder mit dem starken Auge.

Lernen Linkshänder wirklich anders?

Der sechsjährige Sebastian lernt die „Gesunde Schreibhaltung für Linkshänder" in meiner Praxis. Das Thema der Unterrichtsstunde ist Tafelschreiben.

Ich frage ihn: „Sebastian, kennst du schon einige Zahlen und Buchstaben?" Der sonnengebräunte, blonde Junge nickt. „Dann schreibe doch mal einige davon an die Tafel."

Sebastian überlegt kurz und fragt: „Darf ich auch meinem Namen schreiben?"

„Ja", antworte ich, „das ist eine gute Idee von dir."

Der Linkshänder mit dem grünen Jersey seines Lieblings-Fußballvereins steht langsam von seinem Stuhl auf und geht bedächtig zur weißen Tafel. Er überlegt kurz, greift nach dem dicken, grünen Filzstift, dreht die Kappe ab und legt sie an die Seite.

Nun macht Sebastian etwas für mich Überraschendes. Er geht zur rechten, äußeren Seite der Tafel, setzt den Stift zwei Finger breit links neben den äußeren Rand auf die weiße Fläche und will losschreiben.

Gedankenschnell hake ich ein: „Sebastian, du musst auf der anderen Seiten beginnen", und zeige mit meinem Finger auf die linke Seite der Tafel. Sebastian geht langsam zur anderen Tafelseite hinüber, setzt seinen Stift wieder zwei Finger breit neben den Tafelrand, hält inne und schaut zu mir. „Ja", sage ich „jetzt kannst du schreiben." Sebastian schreibt das große „S".

Während Sebastian schreibt, räume ich einige Buntstifte von der vorherigen Aufgabe wieder in die Schachtel zurück. Als ich erneut zur Tafel blicke, malt Sebastian gerade das große „N". Doch was sehe ich? Er hat das ganze Wort von rechts nach links geschrieben. Nach dem „S" schrieb er das „E" in Richtung Tafelrand, die restlichen Buchstaben stehen alle auf meiner schönen, weißen Tapete. Sebastian hat zur falschen Seite geschrieben.

Jetzt ist mir klar, warum er zuerst an der anderen Tafelseite stand und später gezögert hat. Er wusste genau, dass er gleich auf die Tapete schreiben wird. Und ich habe ihn hierzu ausdrücklich aufgefordert. Wer hat am nächsten Tag die grünen Buchstaben mit weißer Farbe übergepinselt? Ich selbst natürlich.

Sebastian hat mir und meiner Wand auf eine sehr originelle Art und Weise gezeigt, wie Linkshänder lernen. Zum Beispiel schreiben sie zuerst sehr gerne von rechts nach links. Meine Behauptung, Linkshänder lernen wirklich anders, basiert auf fünf Besonderheiten.

Fünf Aspekte zeigen, warum Linkshänder anders lernen:

- Linkshänder sehen von rechts nach links
- Die Arbeitsrichtung verläuft von rechts nach links
- Linkshänder sind Linksdreher
- Spiegelschrift ist linkshändertypisch
- Linkshänder lernen besonders mit ihrer rechten Gehirnhälfte

1. Linkshänder sehen von rechts nach links

Die erste Besonderheit ist die Blickrichtung. Biologisch bedingt verläuft sie von rechts nach links. Sieht ein Linkshänder auf einen Fernsehbildschirm, blickt er von rechts nach links. Betrachtet er ein Gemälde, wandert sein Blick von rechts nach links. Betrachtet ein Kind seine ersten Bücher, blättert es diese gerne von hinten nach vorne. Erlernt ein Erstklässler das Lesen, liest er die Wörter ebenfalls gerne von rechts nach links, also von hinten nach vorne. So sind die Eltern nicht selten erstaunt und auch beunruhigt, wenn ihr Kind für das Wort „im" einfach „mi" liest. Aus dem das Wort „mit" liest es „Tim".

Eine Zweitklässlerin bekommt wegen ihrer Leseprobleme in meiner Praxis lerntherapeutischen Unterricht. Zuerst fällt es ihr sehr schwer, sich an die übliche Leserichtung zu gewöhnen. Nach und nach liest das linkshändige Mädchen sicher. Das Lesetempo ist aber noch zu langsam. Ich nehme ein Blatt mit einem Lesetext in vergrößerter Schrift, drehe das Blatt auf die Rückseite und halte es gegen das Licht. Die Schülerin sieht nun den Text in Spiegelschrift und beginnt zu lesen. Wir beide staunen nicht schlecht, zu welchem tollen Lesetempo die Schülerin plötzlich befähigt ist. Auch die Betonung verbessert sich deutlich.

Durch dieses Aha-Erlebnis gestärkt, erhöht sie sofort ihr Lesetempo der normalen Texte. Immerhin hat sie die vermeintlich schwere Spiegelschrift zügig gelesen. Das Lesen gewöhnlicher Texte erscheint plötzlich viel leichter.

Auch Sie dürfen sich gerne einmal einen Text mit etwas vergrößerter Schrift nehmen, das Blatt umgeblättert gegen das Licht halten und lesen. Wie kommen Sie mit der neuen Blickrichtung klar?

Erwachsene zeigen nicht selten ein interessantes Phänomen. Achten Sie beim nächsten Friseurbesuch einmal auf die Leser der Zeitschriften. Nicht wenige von ihnen blättern die Zeitungen von hinten nach vorne. Die Blickrichtung von rechts nach links lässt grüßen.

2. Die Arbeitsrichtung verläuft von rechts nach links

Als Zweites geht es um die Arbeitsrichtung. Wenn Sie ein linkshändiges Kind haben, mit Linkshändern lernen oder selber Linkshänder sind, wird Ihnen die Schreibrichtung des kleinen Sebastian sehr bekannt vorkommen. Es ist die biologisch vorgegebene Arbeitsrichtung des Linkshänders. Sie verläuft von rechts nach links. Das vorstehend beschriebene Erlebnis können Sie anhand einiger Tätigkeiten sehr gut nachvollziehen. Im Kindergartenalter malen die Kleinen gerne von rechts nach links. Tiere sind mit dem Kopf nach links ausgerichtet. Beim Schreiben der Zahlenreihen, der ersten Wörter und des eigenen Namens gehen sie erst mal von rechts nach links vor. Dazu gehören auch in Spiegelschrift geschriebene Zahlen, Buchstaben und Wörter. Im Grundschulalter werden sogar ganze Texte spiegelbildlich geschrieben.

Manchmal ist diese Arbeitsrichtung noch im Erwachsenenalter zu beobachten. Sie unterstreichen von rechts nach links. Ist eine Aufgabe erledigt, wird dahinter üblicherweise ein Haken gemacht. Beim Setzen des Hakens wandert der Stift von rechts nach links.

3. Linkshänder sind Linksdreher

Die dritte Besonderheit im Lernen ist für Linkshänder, wie sie an und mit Teilen drehen, ebenso die Drehung um die eigene Körperachse. Alles linksherum drehen zu wollen ist biologisch festgelegt. Eine andere Bezeichnung dafür ist: entgegen dem Uhrzeigersinn drehen. Kinder zeigen diese Drehrichtung das erste Mal, wenn sie sich im Alter von vier bis sechs Monaten vom Rücken auf den Bauch drehen. Sie drehen sich hierbei über die linke Schulter.

Ein vierjähriger Linkshänder bekommt zum Geburtstag von seinem Opa einen Holzbaukasten geschenkt. Nun kann er endlich richtig mit Schrauben und Muttern hantieren. Das Glück des jungen Handwerkers hält nur kurz an. Dann steht er tränenüberströmt neben Opa und hält ihm Schraube und Mutter hin: „Opa, die gehen nicht!" Opa kennt dieses Problem aus seiner eigenen Kindheit. Sein Enkel dreht immer entgegen der konstruierten Richtung. Das sorgt bis zur Aufklärung erstmal für Enttäuschung.

Auch die Drehrichtung der Wasserhähne ist für linksdrehende Kinder immer wieder eine Herausforderung. Aufdrehen können den Wasserhahn alle, beim Zudrehen nutzen die Linkshänder ihre angeborene Drehrichtung und sind oft hilflos, wenn das Wasser weiterhin aus dem Wasserhahn strömt. Mein Tipp: Sollten Sie ein Haus bauen, installieren Sie Einhebel-Mischbatterien.

Im letzten Kindergartenjahr und in der ersten Schulklasse präsentieren Linkshänder sehr oft ihre Drehrichtung. Haben Sie schon einmal beobachtet, wie Zahlen und Buchstaben in der entgegengesetzten Drehrichtung geschrieben wurden? So manch eine 1, 9 und 3 wird von unten nach oben geschrieben. Das passiert auch bei den beiden Bäuchen des großen „B".

Eltern einer 12-jährigen Linkshänderin erlebten folgende Begebenheit: Die Tochter geht morgens als letzte aus dem Haus. Als die Mutter mittags nach Hause kommt, ist die Haustür nicht abgeschlossen. Die Eltern ärgern sich darüber sehr, zumal es nicht zum ersten Mal geschehen ist. Der Vater stellt seine Tochter zur Rede. Die Jugendliche behauptet, sie habe die Tür abgeschlossen. Dabei bleibt sie auch. Später wird das Geheimnis gelüftet. Die Tochter hatte abgeschlossen, nur drehte sie den Schlüssel in die falsche Richtung.

Kennen Sie aus Ihrer Kindheit noch Spiele mit Drehungen um die eigene Körperachse? Zum Beispiel: Wer schafft die meisten Drehungen beim Tanzen? Nicht wenige Erwachsene tanzen auch später bevorzugt die Linksdrehung. Oder Sie rühren genauso beim Kochen mit dem Kochlöffel. Bevorzugen Sie beim Autofahren oder Skilaufen mehr die Linkskurve?

Vielleicht können Sie auch folgende Frage beantworten. Was sind Sie selbst, Linksdreher oder Rechtsdreher?

4. Spiegelschrift ist linkshändertypisch

Immer wieder stellen Jugendliche und Erwachsene ihre Fähigkeit, Spiegelschrift schreiben zu können, im Freundeskreis, bei Familienfeiern oder gar im Fernsehen zur Schau. Die meisten von ihnen wissen nicht: Spiegelschrift ist typisch für Linkshänder. Ein weltberühmter Linkshänder hat zeitlebens fast nur in Spiegelschrift geschrieben. Seine Entdeckungen und Thesen standen im Widerspruch zum kirchlichen Weltbild. Die Kirche hat damals vermutet, ob er in einer Art Geheimschrift schreiben würde. Der Mann, dem diese Art des Schreibens wahrscheinlich nur leichter fiel, hieß Leonardo da Vinci. Heute wissen wir, Spiegelschrift ist charakteristisch für Linkshänder, also eine Fähigkeit, über die viele Linkshänder verfügen.

In diesem Buch möchte ich Ihnen ja im Rahmen der zwanzig meistgestellten Fragen bedeutsame Zeiger vermitteln, an denen Sie Linkshänder erkennen. Besonders beim Lernen verraten Kinder gewichtige Zeiger.

Die Arbeits- und Blickrichtung von rechts nach links, die Linksdrehung und Spiegelschrift sind typisch für Linkshänder.

Die Zeiger sind umso gewichtiger, je jünger das Kind ist. Bei nicht wenigen Kindern sehen Sie diese Zeiger in der gesamten Grundschulzeit. Leistungsstarke Kinder offenbaren Ihnen einige Zeiger, wie zum Beispiel das Spiegeln der Buchstaben, nur ganz kurz. Diese Kinder erlernen die gewünschte Schreibweise der Buchstaben und Zahlen sehr schnell. Es gibt aber auch Menschen, die noch im Erwachsenenalter gelegentlich Wörter falsch herum lesen oder Zahlen spiegeln.

5. Linkshänder lernen besonders mit ihrer rechten Gehirnhälfte

Das gesamte Lernen eines Linkshänders ist Ausdruck der dominanten rechten Hirnhälfte. Sie lernen besonders dann mit Freude, Eifer und Erfolg, wenn sie ihre starke Hirnhälfte zum Einsatz bringen dürfen. Einige immer wieder auffallende Eigenschaften der rechten Hirnhälfte sind: Gesang und Musik; räumliches Empfinden; Liebe zur Farbe und Unterscheidung von Farbe; künstlerischer Ausdruck; Schauspielerei; kreative Eingebungen; soziales Lernen; Hilfsbereitschaft; Gefühle und Sensibilität.

Ganz bestimmt kennen Sie gleichfalls Menschen, die sehr über die rechte Hirnhälfte lernen.

Linkshänder lernen besonders dann mit Freude, Eifer und Erfolg, wenn sie von ihrer rechten Hirnhälfte Gebrauch machen.

Sehr gut erinnere ich mich an eine Unterrichtsstunde in meiner ehemaligen dritten Klasse. Die Schüler dieser Klasse sind sehr freundlich und haben viel Energie. Ich arbeite sehr gerne mit solchen Kindern. Thema ist der Heimatkreis. Ein, wie ich finde, sehr interessantes Thema. Doch was macht meine Schülerin Lisa? Sie sitzt nicht auf dem Stuhl, sie liegt regelrecht auf **ihm**. Ihre langen Haare berühren fast den Fußboden. Die Beine sind lang ausgestreckt, der Hals liegt schon auf der Rückenlehne. Lisa wirkt teilnahmslos.

Was sagt uns Lisas Körpersprache? Sie deutet sehr auf „langweilig" und „das interessiert mich wirklich nicht". Die anderen Mitschüler arbeiten fleißig mit. Wir haben ein Tafelbild erarbeitet und die Kinder sollen es in ihr Heft übertragen. Da meldet Lisa sich, immer noch im Stuhl liegend, zu Wort: „Herr Steinkopf, darf ich das auch bunt machen?" Ich antworte: „Ja, das ist eine gute Idee. Du kannst dann sogar besser lernen."

Auf einmal kommt Lisa in Aktion. Sie setzt sich gerade hin, hebt ihre große Federtasche mit den Buntstiften aus der Schultasche und beginnt zügig mit dem Arbeiten. Die Farben stellt sie gekonnt zusammen, zeichnet tolle Bilder und entwickelt Ideen. Lisa ist jetzt in ihrem Element, ja sie sprüht regelrecht vor Ehrgeiz. Genauso ist Lisa mit Musik zu begeistern oder wenn sie Mitschülern helfen darf. Lisa ist eine Schülerin, die am liebsten über die rechte Hirnhälfte lernt. Es ist das Lernen der Linkshänder.

Hier einige Beispiele für Lernen über die rechte Gehirnhälfte:

Linkshänder lernen immer dann besonders gut, wenn sie ...

... ihre Mitschriften bzw. Hefte mit Zeichnungen, Farben und eigenen Ideen versehen dürfen. Im Biologieunterricht habe ich meinen Schülern immer gesagt: „Euer Heft darf ein Kunstwerk sein." Am Schuljahresende wollte kein Schüler mehr sein Heft wegwerfen.

... ein gutes Verhältnis zur Lehrkraft und zu den Mitschülern haben. Die Chemie muss stimmen.

... für Textaufgaben im Matheunterricht eigene Lösungswege finden und diese auch rechnen dürfen. So manch ein Schüler hat durch Farbe und eigene Zeichnungen die Liebe zur Mathematik entdeckt.

... zum Einprägen von Begriffen Sprüche nutzen. Garantiert kennen Sie für die vier Himmelsrichtungen: „Im Osten geht die Sonne auf, im Süden nimmt sie ihren Lauf, im Westen wird sie untergehen, im Norden ist sie nicht zu sehen." Bekannt dafür ist auch: „Nie Ohne Seife Waschen". Dabei gilt immer: die eigenen Sprüche sind die Besten.

... zu zweit, zu dritt oder in der Gruppe lernen. Wer einem anderen Menschen einen Sachverhalt verständlich erklären kann, beherrscht den Sachverhalt auch selbst.

... in den ersten Schuljahren ihre Hausaufgaben dort erledigen, wo das Leben der Familie spielt. Zum Beispiel bei Mama in der Küche. Sie machen Ihrem Linkshänder keine Freude, wenn Sie ihn in sein Zimmer schicken. Sie bestrafen Ihren Linkshänder regelrecht, wenn Sie dann noch sagen: „Mach die Tür deines Zimmers zu." Linkshänder sind kommunikativ und wollen alles mitbekommen.

... bei den Hausaufgaben Musik hören dürfen. Geeignet ist aktuelle Musik, nicht jedoch der aktuelle Hit. Der neuste Renner lenkt zu sehr ab. Ferner lieben Kinder klassische Musik. Auch die Lieblingshörspiele schaffen ein angenehmes, vertrautes Lernumfeld. Entspannungsmusik hat sich ebenfalls bewährt. Vorsichtig sein sollten Sie, wenn Wassergeplätscher hinzukommt, denn dann muss Ihr Schützling eventuell zur Toilette. An dieser Stelle eine Information an alle jugendlichen Linkshänder, die beim Lernen gerne laute Musik hören, damit aber andere stören: „Euer Lernerfolg ist bei leiser Musik genauso gut und ihr verärgert nicht die Erwachsenen!"

Neue Ideen schrittweise umsetzen

Sollten Sie nun für Ihr Kind, für sich selbst oder für einen anderen Menschen etwas im Lernen ändern wollen, dann bitte nicht sofort alle Empfehlungen auf einmal umsetzen. Denn das unterstützt nicht den Lernerfolg, sondern führt eher in die Lernpleite. Setzen Sie neue Arbeitsweisen lieber Schritt für Schritt um. Weniger bewirkt oft mehr.

Richtig gut im Lernen kann nur sein, wer beide Hirnhälften einsetzt. Die Ausführungen zur linken Gehirnhälfte finden Sie in Frage 14.

Verstehen Sie dieses Kapitel bitte auch als ein Plädoyer für das Lernen mit der rechten Hirnhälfte. Die Leistungssteigerungen sind oft verblüffend. Entsprechende Literatur und Anregungen habe ich für Sie auf der Internetseite zusammengestellt.

Wissen auf den Punkt gebracht

- Die Arbeits- und Blickrichtung von rechts nach links, die Linksdrehung und Spiegelschrift sind typisch für Linkshänder.

- Linkshändige Kinder müssen die Arbeits- und Blickrichtung von links nach rechts trainieren, damit sie die Kulturtechniken Lesen und Schreiben sicher ausführen können. Die Blick- und Arbeitsrichtung sollte im letzten Kindergartenjahr und in der ersten Schulklasse ausreichend geübt werden.

- Linkshänder lernen am besten über ihre rechte Hirnhälfte. Lernen ist wie ein Kartenspiel. Damit die Trümpfe stechen, benötigen die Spieler Kenntnisse zu den Regeln und viel Spielpraxis. Die Lerntrümpfe der Linkshänder heißen Musik, Farbe, Kreativität, Fantasie, ganzheitliches Denken und Sozialkompetenz.

- Was halten Sie davon, wenn auch Sie sich mit dem Lernen über die rechte Gehirnhälfte befassen? Sie werden Ihre eigenen Ergebnisse erheblich steigern und können nicht nur linkshändigen Kindern vieles davon weitergeben. Das linkshirnige Lernen haben wir alle in der Schule gelernt. Dort ging es meistens um Ordnung, Zeit, Zahlen und logisches Denken. Sie werden sehen, Lernen mit beiden Gehirnhälften ist spielerisch einfach und bereitet richtig Freude.

BILD NR 10 Die linke Hand unterstützt die Aufmerksamkeit.

Welche Arbeitsmaterialien braucht ein Linkshänder in der Schulphase?

Wissen Sie, welcher Musiker am 11. Mai 2003 eines der größten Konzerte aller Zeiten gegeben hat? Es fand in Rom auf dem Petersplatz statt. Vor 500.000 Fans. Der Weltstar begeisterte mit vielen Hits seiner Karriere. Charakteristisch für den beliebten Künstler ist neben seiner Musik sein soziales Engagement. Er ist an verschiedenen musikalischen Wohltätigkeitsprojekten beteiligt. Die Einnahmen fließen unter anderem sozial benachteiligten Kindern zu. Außerdem setzt er sich gegen Tierversuche und die Robbenjagd ein. Sie haben es vielleicht schon erraten, der Name des Künstlers ist Paul McCartney.

Unverwechselbar ist für ihn noch etwas anderes. Haben Sie schon mal darauf geachtet, wie er die Gitarre hält? Ja, er hält sie andersherum und schlägt die Seiten mit links an. Paul McCartney ist Linkshänder und spielt die Gitarre wie es sich für einen Linkshänder gehört. Er zupft die Seiten mit seiner starken Hand und schlägt auch mit ihr den Rhythmus.

Musikinstrumente mit links spielen?

Immer wieder erlebe ich die Diskussion, ob Linkshänder die Gitarre nicht in der Haltung der Rechtshänder spielen sollten. Oberflächlich betrachtet könnte man dem zustimmen, denn jede Hand besitzt ihre Aufgaben, oder? Experten sehen das anders. Im Jahr 2005 fand in Hamburg ein Kongress zum Thema „Linkshänder und Musik" statt. Die versammelten Fachleute waren sich einig: Linkshänder sollten ihre Instrumente unbedingt auch mit links spielen. Die starke linke Hand zupft dann auf der Gitarre die Seiten, denn hierfür ist sehr viel Feingefühl nötig; gleichzeitig schlägt sie den Rhythmus, denn die führende Körperseite sollte immer der Rhythmusgeber sein. Die schwächere rechte Hand übernimmt in diesem Fall das einfachere Greifen.

Musikexperten haben weiterhin beobachtet, dass der Spielfluss leidet, wenn der Geigenbogen mit der schwächeren rechten Hand geführt wird. Außerdem brauchen die Musiker nach Konzerten deutlich mehr Zeit, um sich zu erholen. Bereits Charly Chaplin wusste, warum er seine Geige zur Linkshänder-Geige umbauen ließ. Die Spielfreude ist größer.

Lassen Sie Ihren Linkshänder von Anfang an sein Instrument links spielen

Dazu gehört das Schlagzeug genauso wie Flöte, Gitarre und Streichinstrumente, wie Geige und Cello. Instrumente für Linkshänder gibt es heute zu kaufen, manchmal können Sie sie auch mieten. Für Anfänger auf der Gitarre kann ein Umspannen der Seiten ausreichen.

Immer wieder erlebe ich in Diskussionen, wie mühevoll es ist, einige Menschen davon zu überzeugen, Linkshänder die Gitarre gleich links erlernen zu lassen. Insbesondere eine Berufsgruppe ist davon sehr schwer zu überzeugen: die Musiklehrer. Wenn Argumente nicht mehr weiterhelfen, frage ich nur noch: „Kennen Sie Paul McCartney?"

Wissen Sie außerdem, ob Ihr Kind nicht ein Weltstar auf seinem Instrument wird? Auch ein Paul McCartney hat mal ganz klein angefangen.

Gebrauchsgegenstände und Energieverbrauch

- Haben Sie sich als Rechtshänder schon einmal vorgestellt, mit einer Linkshänder-Schere zu schneiden?
- Könnten Sie eine oder mehrere Scheiben Brot wirklich gerade schneiden, wenn Sie mit einem Linkshänder-Messer schneiden müssten?
- Wie wäre es für Sie, die Computermaus tagtäglich mit der linken Hand zu bedienen?

Sehr schnell wird Ihnen dies als Rechtshänder ganz und gar unmöglich erscheinen. Linkshänder müssen allerdings jeden Tag mit den Vorrichtungen für Rechtshänder zurechtkommen!

Probieren Sie gerne mal zwei Experimente aus, um zu verstehen, wie es Linkshändern in der rechtshändigen Welt geht:

1. Schneiden Sie ein halbes oder gar ein ganzes Brot mit dem Brotmesser in Ihrer schwachen Hand auf. Wie viel Energie mussten Sie aufbringen? Einige legen das Brotmesser nach drei Scheiben frustriert zur Seite, andere schaffen ein akzeptables Ergebnis. Haben Sie deutlich mehr Kraft eingesetzt?

2. Legen Sie Ihre Computermaus links vom Bildschirm und arbeiten Sie dann mit Ihrer ungewohnten Hand. Etwa 15 bis 30 Minuten sollten für die Erfahrung reichen. War es anstrengend? Konnten Sie sich auf Ihre eigentliche Tätigkeit konzentrieren? Wie hoch war Ihr Energieaufwand? Einige schaffen mit der anderen Hand nicht mal den Doppelklick.

Sollten Sie bei beiden Experimenten ein überraschend besseres Resultat erreicht haben, dann haben Sie unter Umständen in der Vergangenheit mit Ihrer schwächeren Seite gearbeitet und nun Ihre stärkere Seite entdeckt. Stimmen Sie meiner Aussage zu, wenn ich sage, Sie wenden mit Ihrer schwächeren Hand 20 bis 30 Prozent mehr Energie auf?

Linkshändige Schüler zeigen oft eine Unlust beim Schneiden, Malen und Anspitzen. Einige spitzen Ihre Bleistifte gar nicht an. Dann übernimmt häufiger

Mama diese Aufgabe. Bekommen sie ihren Anspitzer für Linkshänder, sind sie gerne bereit, das Anspitzen wieder selbst zu übernehmen.

Lassen Sie mich den Wert von spezifischen Gegenständen für Linkshänder an einem weiteren Beispiel veranschaulichen. Angenommen, Sie kaufen sich ein neues Auto. Der Autohändler präsentiert Ihnen in seiner Ausstellung einen Wagen, in den Sie sich gleich verlieben. Typ, technische Details, Farbe und Design, alles ist stimmig und entspricht genau Ihren Wünschen und Ihrem Portemonnaie. Sie sind fest entschlossen, wollen den Kaufvertrag gleich unterschreiben und mit Ihrem Wagen losfahren.

Da unterbreitet Ihnen der Händler ein zusätzliches Angebot. Da Sie langjähriger Kunde des Hauses sind, rüstet das Autohaus Ihren Wagen mit dem neuen „Sprit-Senk-Turbo-Teil" nach; und das kostenlos. Mit diesem Teil sparen Sie 2 Liter Benzin auf 100 Kilometer. Ihr Wagen wird dann nicht mehr sieben Liter, sondern nur noch fünf Liter Sprit verbrauchen. Die Sache hat allerdings einen Haken.

Sie können den Wagen nicht heute mitnehmen, sondern müssen sich noch eine Woche gedulden. Sie rechnen schnell die Ersparnis aus. Sie fahren 15.000 Kilometer im Jahr. Bei einem Benzinpreis von wenigstens 1 EURO je Liter sind das gut 300 EURO im Jahr. Außerdem tun Sie etwas für die Umwelt. Wie entscheiden Sie? Nehmen Sie das Auto gleich mit oder warten Sie eine ganze Woche?

Genauso verhält es sich mit den Gebrauchsgegenständen für Linkshänder. Das „Sprit-Senk-Turbo-Teil" steht als Symbol für die Linkshänder-Gebrauchsgegenstände. Richtig angewendet, spart der Linkshänder mit ihnen 20 bis 30 Prozent Energie.

Die einwöchige Umbauzeit steht für den höheren Aufwand, den Sie am Anfang betreiben müssen, denn Sie bekommen Materialien für Linkshänder in der Regel nicht um die Ecke. Wenn Sie sich jedoch mit dem Thema näher beschäftigen, erhalten Sie alles von A wie Anspitzer bis Z wie Zangendosenöffner.

Linkshänder brauchen 20 bis 30 Prozent mehr Energie, wenn sie ihre speziellen Gebrauchsgegenstände nicht nutzen.

Lassen Sie uns nun zu dem wohl spannendsten Ereignis für alle Grundschulkinder kommen, der Einschulung in die 1. Klasse. Damit steht Kindern viel Neues bevor. An dieser Stelle ist die Frage nach den Arbeitsmaterialien erneut wichtig. Linkshändige Kinder sollten unbedingt eine Schreibunterlage für Linkshänder benutzen. Unabdingbar ist von Anfang an, das Schreiben in der so genannten Hakenhaltung zu verhindern.

So wie der Bergsteiger auf seine Ausrüstung angewiesen ist, benötigt der linkshändige Schüler ab der ersten Klasse seine speziellen Materialien.

Dazu gehören Füller, Lineal, Anspitzer und die Linkshänder-Schreibunterlage.

So wie der Bergsteiger nur mit seiner Klettertechnik einen schwierigen Berg bezwingen kann, hilft die richtige Schreibtechnik dem Linkshänder.

Und bitte glauben Sie nicht, dass Materialien allein den großen Durchbruch bedeuten. Sie als Eltern und besonders die Lehrer der Grundschule müssen selbst Kenntnisse zur Thematik erwerben; und eins sollten Sie ständig tun: motivieren und einfühlsam kontrollieren.

Der richtige Füller für Linkshänder

Meist beginnen die Kinder zum Beginn der zweiten Klasse mit dem Füller zu schreiben. Der Linkshänder-Füller sollte mit Sorgfalt ausgewählt und ausprobiert werden. Denn das Schreiben ist für die Hand und für unser Gehirn eine große Herausforderung. Ja, man kann sagen: Schreiben ist für unser Gehirn Hochleistungssport. So unterstützt der richtige Füller die Schriftqualität, die Schreibfreude, die Schreiblust und den sorgfältigen Umgang mit Heften, Büchern und Materialien enorm.

Der Handel bietet einerseits reine Linkshänder-Füller an; andererseits gibt es auch Füller, die für Links- und Rechtshänder sehr gut geeignet sind. Der Füller für den Linkshänder sollte eine Griffmulde haben, damit die Finger nicht auf die Feder rutschen. Äußerst wichtig: der Füller sollte sich leicht schieben lassen. Immerhin wird das Schreibgerät von links nach rechts geschoben. Ist die Feder schon eine Weile in Gebrauch und rutscht nicht mehr so gut über das Papier, können Sie sie über 1000er Schleifpapier ziehen. Die Feder ist dann wieder schön glatt.

Sehr unterschiedlich sind die Handgröße, Hand-Ergonomie und Kraft eines jeden Kindes. Deshalb sollten Füller in unterschiedlicher Größe und verschiedenem Gewicht ausprobiert werden. Besonders Jungen mit einer recht großen und kräftigen Hand kommen mit einem großen und schweren Füller viel besser zurecht. Zur Gewichtserhöhung beim Schreiben hilft manchmal schon das Aufstecken der Füller-Kappe auf das Ende des Schreibgerätes.

Das Sprichwort „Zu jedem Topf passt ein Deckel" gilt auch für die Auswahl des passenden Füllers. Abgewandelt könnte es lauten: „Für jede Hand gibt es den passenden Füller, er will nur gut ausgewählt und probiert werden."

7 Regeln für den Kauf des Füllers für Linkshänder

1. Kaufen Sie den neuen Linkshänder-Füller rechtzeitig. Planen Sie hierfür ausreichend Zeit ein. Nicht zur Hauptgeschäftszeit zu Weihnachten und Ostern den Füller kaufen.
2. Ihr Linkshänder sollte beim Probieren und Auswählen mit dabei sein.

3. Lassen Sie sich fachkundig beraten. Im Fachgeschäft finden Sie „Ihren" Füller leichter.
4. Füller-Kauf ist wie Schuh-Kauf: beides hat viel mit Ausprobieren zu tun.
5. Der Füller sollte eine Griffmulde aufweisen und sich gut schieben lassen.
6. Jede Hand ist anders, deshalb können nicht alle Kinder mit dem gleichen Füller Erfolg haben.
7. Bedenken Sie bitte auch beim Füller-Kauf: Wer sich in seinen neuen Füller wegen der Farbe, der Form und des Designs sofort verliebt, bei dem hält das Schreibgerät viel, viel länger. Das gilt für Kinder, Jugendliche und sogar für Erwachsene.

Immer wieder erlebe ich in Gesprächen mit jugendlichen Linkshändern den so genannten Aha-Effekt: „Ach, einen Kollegblock mit der Perforation auf der rechten Seite gibt es auch? Dann brauche ich ja gar nicht über den Rand zu schreiben und meine Hand brauche ich dabei auch nicht zu drehen!" Drehen heißt in der so genannten Hakenhaltung zu schreiben.

Weitere wichtige Arbeitsmaterialien für Linkshänder sind: Anspitzer; Füller mit Linkshänder-Feder; ein Zeichenblock, der am unteren rechten Rand verklebt ist, damit man durch das Schieben des Schreibgerätes nicht immer wieder Eselsohren in das Papier knickt.

Staunen kommt auf, wenn ich sage, dass wir die PC-Maus in sieben Sekunden von rechts auf links umstellen können. Und am Arbeitsplatz sollte eine PC-Maus eigens für Linkshänder liegen.

Wissen auf den Punkt gebracht

- Auch im Alter von 6 bis 18 Jahren, der Schulphase, sind spezielle Gebrauchsgegenstände für Linkshänder fundamental. Motivieren Sie zum Gebrauch der besonderen Gebrauchsgegenstände für Ihren Linkshänder, ansonsten wird Ihr Schützling jeden Tag 20 bis 30 Prozent mehr Energie benötigen. Gleiches trifft für erwachsene Linkshänder zu. Die Lebensfreude sinkt entsprechend.
- Allein der Kartoffelschäler für Rechtshänder kann Auslöser sein, dass Kinder sich vor dieser Arbeit drücken, Misserfolge und Unlust in der Küche auslösen. Wie in anderen Situationen auch, werden die ersten Schritte zum Kennenlernen nicht gegangen. Die Lust auf das Kochen verwandelt sich in Unlust. Die grundlegend vorhandene Freude für eine Tätigkeit wird vom

Kind vielleicht nicht ausgelebt. Wissen wir, ob unser Kind das Potenzial zum Vier-Sterne-Koch in sich trägt? Ein Talent bleibt eventuell unentdeckt, das Kind bringt sich nicht so ein, wie es dies könnte.

- Erwarten Sie nicht, dass ein linkshändiges Kind von selbst auf die Idee kommt, in einer rechtsorientierten Welt Gebrauchsgegenstände für Linkshänder zu nutzen. Wir Erwachsenen sind hier gefordert, entsprechende Materialien auszuwählen, anzuschaffen und immer wieder für Ihren Gebrauch zu motivieren. Das Bedürfnis zur Verwendung wird sich im Kind erst entwickeln.

- Sorgen Sie für die wichtigen Schreibutensilien. Gemeinsam mit der Lehrkraft der Grundschule bewirken Sie, dass Ihr Kind die gesunde Schreibhaltung für Linkshänder erlernt. Dazu hat sich eine spezielle Schreibunterlage sehr bewährt.

- Jeder Schüler verbringt viel Zeit mit dem Schreiben. Investieren Sie deshalb Zeit in die Auswahl des optimalen Füllers. Der Linkshänder-Füller funktioniert nur in Kombination mit der richtigen Schreibtechnik. Das ist die gesunde Schreibhaltung für Linkshänder. Sie ist ein Muss.

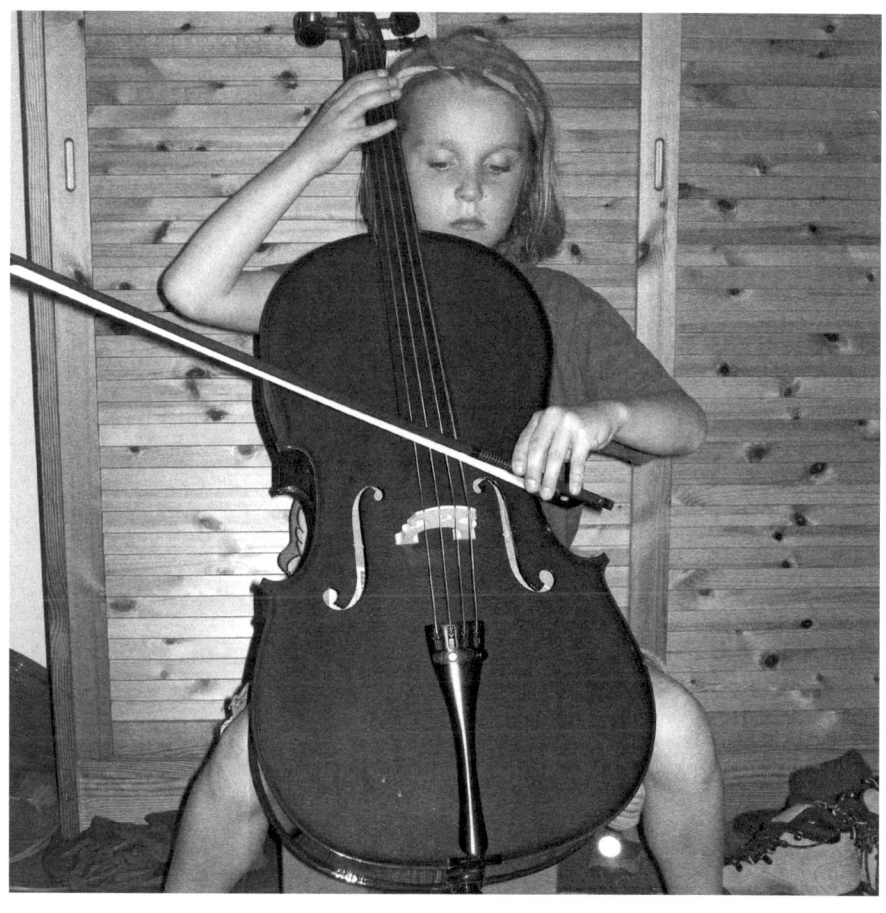

BILD NR 11 **Mit links wird der Bogen nicht überspannt.**

Warum brauchen Lehrer umfassende Kenntnisse über Linkshänder?

Ein Donnerstagabend im Jahr 1998. Zwölf interessierte Lehrer sind zu einer Fortbildung über Linkshändigkeit gekommen. Das Seminar habe ich für die speziellen Fragen der Pädagogen entwickelt. In der ersten Seminarstunde geht es um den aktuellen, theoretischen Wissensstand. Schon in den ersten fünfzehn Minuten merke ich: Etwas ist heute anders. Ich überlege, was genau es ist. Ich beobachte eine veränderte Grundstimmung. Alle sind ruhig und nachdenklich, fast ein wenig niedergeschlagen. Daran ändert sich innerhalb der nächsten 45 Minuten nichts. Ich finde keine Erklärung und werde selbst nachdenklich.

Dann, in der Pause, bekomme ich die Antwort. Eine ungefähr 40-jährige Lehrerin wendet sich an mich: „Ich habe eine Frage zu meinem Sohn. Bis zum Schuleintritt hat er den Gebrauch seiner Hände sehr gewechselt. Er geht jetzt in die vierte Klasse und schreibt mit rechts. Kann man heute noch herausfinden, ob er Linkshänder oder Rechtshänder ist? Eine zweite Frage habe ich zu mir selbst. Nachdem ich jetzt ihre Ausführungen gehört habe, könnte auch ich Linkshänder sein. Ist das möglich?"

Ein neues Thema erobert die Schulen

Dieser Lehrerin ergeht es wie den meisten Menschen, die sich zum ersten Mal intensiv mit Linkshändigkeit beschäftigen. Von den Neuigkeiten wird sie regelrecht überfahren. Ihre Reaktion darauf ist eine ganz natürliche. Zuerst denkt sie über ihre eigene Familie und sich selbst nach.

Lehrer besitzen sehr unterschiedliche Erfahrungen auf dem Gebiet der Linkshändigkeit. Ich unterscheide hier drei Kategorien.

Die erste Gruppe sind die Lehrer-Experten.

Zugehörige dieser Gruppe äußern nach dem Lesen dieses Kapitels sinngemäß: Das weiß ich, kann ich und setze ich auch um. Linkshändige Schüler fühlen sich bei mir wohl und angenommen. Es gibt Grundschulen, in denen das komplette Lehrerteam der Lehrer-Spitzengruppe angehört.

Die zweite Gruppe sind die Fortgeschrittenen.

Lehrer dieser Gruppe kennen die wichtigen Prinzipien für den Arbeitsplatz des Linkshänders. Sie bringen ihr Wissen in den Sportunterricht ein und können handwerkliche Tätigkeiten mit links zeigen. Sie motivieren ihre Schüler, die wichtigen Gebrauchsgegenstände für Linkshänder zu nutzen. Aus zwei Gründen können sie noch nicht zu den Lehrer-Experten zählen: Diese Lehrer können die gesunde Schreibhaltung für Linkshänder noch nicht demonstrieren und haben keine oder nur geringe Kenntnisse zum rechtshirnigen Lernen.

Die dritte Gruppe sind die Starter.

Aus verschiedensten Gründen können oder wollen sie nicht zu den Fortgeschrittenen oder gar zu den Experten aufschließen. Dabei ist ein solch wünschenswerter Wechsel leicht möglich.

In dieser Gruppe befinden sich größtenteils die Berufsanfänger. Wenn Sie Lehrer sind, möchte ich Ihnen eine Frage stellen: „Hat in Ihrer Lehrerausbildung Linkshändigkeit eine Rolle gespielt?" Ich bin immer neugierig und frage das gerne die Absolventen der Hochschulen und Universitäten. Möglicherweise lautet Ihre Antwort so, wie ich sie fast immer höre: „Nein!"

Fortbildung zahlt sich aus

Zu empfehlen ist das Buch „Das linkshändige Kind in der Grundschule" von J.B. Sattler. Besuchen Sie qualifizierte Seminare. Ich empfehle die beiden Schwerpunkte „Grundlagenkenntnisse für Lehrer" und „Spezialkenntnisse für Lehrer". In kürzester Zeit gehören Sie zur Spitzengruppe.

Die Linkshändigkeit erobert seit den 90er Jahren mehr und mehr unsere Schulen. Ein regelrechter „Feldzug", über den wir uns freuen dürfen. Besonders deshalb, weil es den Schülern zugute kommt. Auch den Lehrern wird es mit der Verbreitung der Kenntnisse zur Linkshändigkeit besser gehen, weil sie ihnen das Unterrichten erleichtern. Diese Kampagne wird meiner Meinung nach mindestens bis 2020, wahrscheinlich sogar bis 2030 dauern. Entscheidend ist einerseits, ob die lehrerbildenden Hochschulen und Universitäten den pädagogischen Nachwuchs zur Linkshändigkeit ausbilden. Andererseits sind Weiterbildungsangebote für die aktiven Lehrer wichtig. So vermittelt es mit Sicherheit jedem Lehrer ein gutes Gefühl, wenn er Fragen der Eltern zu Ihrem linkshändigen Kind fachkompetent beantworten kann.

Über die nachfolgenden Kompetenzen sollten Lehrer verfügen

Die Schullandschaft hat sich sehr verändert. Lehrer arbeiten heute nicht mehr nur in ihren studierten Fächern, Klassenstufen und Schultypen. Dieser Trend wird sich verstärken. Zur Linkshändigkeit sollten Lehrer in nachfolgenden Bereichen fit sein. Damit gehören sie zu den Experten:

- Sie können die gesunde Schreibhaltung für Linkshänder demonstrieren.
- Der Arbeitsplatz für den Linkshänder weist einige Besonderheiten auf. Diese werden im Unterricht berücksichtigt.
- Sie wenden fundierte Kenntnisse zum Lernen mit beiden Gehirnhälften an. Linkshänder lernen am liebsten und effektivsten mit den Stärken ihrer rechten Hirnhälfte. Hierzu gehören Fantasie, Kreativität, Musik, Schauspiel, Sozialkompetenz und ganzheitliches Denken.
- Sie verfügen über Grundkenntnisse zur umgeschulten Linkshändigkeit und kennen die 3 Geheimformen der Umschulung der Händigkeit.
- Sie besitzen in ihrem Spezialfach Kenntnisse für Linkshänder und bringen diese ein. So lassen Sportlehrer ihre linksfüßigen Schüler beim Flop von rechts anlaufen. Der Musiklehrer sorgt dafür, dass Linkshänder auf der speziellen Flöte oder Gitarre spielen dürfen.
- Sollten Sie als Lehrer aktiver Linkshänder sein und in der Hakenhaltung schreiben, dann habe ich eine Bitte an Sie: Erlernen Sie die gesunde Schreibhaltung für Linkshänder. Damit wird es Ihnen körperlich besser gehen. Außerdem sind Sie dann noch mehr ein Vorbild für Ihre Schüler.

Besitzen Pädagogen solide Kenntnisse zur Linkshändigkeit, profitieren davon natürlich die aktiven Linkshänder. Den größten Nutzen gewinnen jedoch die umgeschulten Linkshänder. Sie werden mit den acht Lasten des umgeschulten Linkshänders deutlich besser zurechtkommen und größere Lernerfolge erzielen. Den rechtshändigen Schülern wird das ausgewogene Lernen mittels beider Gehirnhälften gleichfalls so manchen Punkt in den Klassenarbeiten einbringen.

10 Gründe, warum sich für Lehrer Kenntnisse über Linkshänder lohnen

1. Ihre linkshändigen Schüler werden begeistert sein, wenn sie sich bei Ihnen als Linkshänder aufgenommen fühlen. Damit haben Sie als Lehrer bei Ihren aktiven Linkshändern einen Stein im Brett. Der Anteil der Linkshänder liegt heute bei 10 bis 30 Prozent, ja es können sogar 50 Prozent Ihrer Schüler sein.

2. Arbeiten Sie mit Mind-Mapping. Besonders Linkshänder profitieren von dieser Arbeitsmethode. Alle Schüler brauchen diese Arbeitsweise nur einmal richtig zu erlernen. Mind-Mapping eignet sich hervorragend zur Vorbereitung auf Klassenarbeiten, Prüfungen und Vorträge. Der Lehrer einer zehnten Klasse am Gymnasium hat die Methode im Biologieunterricht ausprobiert. Sein Fazit: Viele Schüler arbeiten mit Elan und Eifer. Die Jugendlichen durchdringen das Thema deutlich besser. Die Ergebnisse sind umwerfend.

3. Sie entdecken umgeschulte Linkshänder. Ihre Beobachtungen sind für Eltern unter Umständen sehr wertvoll. Manchmal entscheiden sich Eltern für eine Rückschulung auf die dominante linke Körperseite. Erfolgreich rückgeschulte Kinder und Jugendliche können ihr wahres Leistungsvermögen zeigen. Rückschulung ist ein langer Weg, führt gleichwohl zu nachhaltigen Verbesserungen.

4. Sie entwickeln ein neues Verständnis für umgeschulte Linkshänder. Sie gehen sachkundig auf Schüler ein, die immer mal wieder ein Blackout haben oder als Vortragende den Faden verlieren.

5. Schüler, die ihre Mitschriften mit Farbe, Zeichnungen und eigenen Ideen gestalten, erreichen in Klassenarbeiten deutlich bessere Ergebnisse.

6. So manch eine Legasthenie oder Dyskalkulie können Lehrer verhindern. Sie erreichen es schon, wenn jeder Erstklässler das Schreiben mit seiner starken Hand erlernt. Arbeiten Sie mit der Kindergärtnerin und den Eltern zusammen. Teilen Sie Ihre Beobachtungen mit. Besonders die Eltern werden Ihnen hierfür sehr dankbar sein.

7. Linkshändige Schüler lösen Textaufgaben mit mehr Erfolg und Freude, wenn sie mit Farbe und mit Zeichnungen arbeiten. Dürfen sie ihre eigenen Lösungswege entwickeln, sind sie am erfolgreichsten.

8. Ordnung ist die Schwäche fast aller Linkshänder. Den Schlüssel für eine gute Ordnung finden sie über das spezielle Lernen mit der rechten Gehirnhälfte. Es bewirkt, dass Ihre Linkshänder Ordnung halten möchten. Die Schüler sind dabei sogar stolz auf ihre Hefte, Hausaufgaben und angespitzten Bleistifte. Das spezielle Lernen mit der rechten Gehirnhälfte wird in Frage 9 dargestellt.

9. Nun geht es um Sie persönlich. Der Lehrerjob gehört zu den Berufen, in denen sehr viele Menschen mit starker rechter Gehirnhälfte arbeiten. Vielleicht entdecken Sie sich selbst.

10. Auch dieser Grund ist mehr privater Natur. Sollten Sie selbst genetischer Linkshänder sein, dann beobachten Sie aufmerksam die Händigkeit Ihrer eigenen Kinder und Enkelkinder.

Wie gehen Lehrer damit um, wenn sie Kinder umgeschult haben?

Über ein Problem wurde in der Vergangenheit fast nie gesprochen: die Umschulung von linkshändigen Kindern auf ihre schwächere rechte Körperseite. Umschulungen wurden vielfach von Lehrern aktiv unterstützt. Ich selbst hatte einige Male Gelegenheit, mit Lehrern darüber zu sprechen, wie es ihnen Jahre später damit geht und wie sie heute zu dem Thema stehen. Für das mir hier entgegengebrachte Vertrauen bin ich sehr dankbar, da ich aus diesen Gesprächen sehr viel für meine Arbeit und für mich persönlich mitnehmen konnte.

Lehrer sollten die Augen nicht davor verschließen, dass Kinder in Schulen aktiv dazu ermuntert wurden, mit ihrer schwächeren rechten Hand zu schreiben. Einigen Lehrern wird bei diesem Gedanken etwas mulmig werden, haben sie doch die Umschulung linkshändiger Kinder unterstützt und teilweise sehr aktiv vorangetrieben. Heute wissen wir um die fatalen Folgen von Umschulung der Händigkeit für Betroffene. So manch ein Lehrer wird deshalb Schuldgefühle mit sich herumtragen. Bitte arbeiten Sie diese Schuldgefühle auf, indem Sie sich mit Linkshändigkeit beschäftigen. Manchmal wird es notwendig sein, mit betroffenen, ehemaligen Schülern oder deren Eltern zu sprechen. Tun Sie es. Dann geben Sie diese Belastung ab. Das Aufarbeiten Ihrer Begegnung mit der Linkshändigkeit wird nicht nur Ihnen selbst und Ihrer Familie sehr gut tun. Ganz besonders unterstützen Sie, sofern Sie noch aktiv mit Kindern arbeiten, Ihre aktuellen Schüler.

Als Eltern und Außenstehende sollten wir in unserem Urteil über Umschulungen von Linkshändern auf ihre schwächere Körperseite bedenken: die jeweiligen Pädagogen haben nach ihrem besten Wissen und Gewissen gehandelt.

Im Sport und in der Wirtschaft werden neue Trainings- und Arbeitsmethoden schnell und konsequent eingesetzt. Genauso zügig sollten die neuen Erkenntnisse zur Linkshändigkeit in den Schulen Einzug halten und in die tägliche, pädagogische Arbeit einfließen.

Das Wissen auf den Punkt gebracht

- So wie der Computer von 1980 bis 2010 die Schulen erobert hat, verbreitet sich das Thema Linkshändigkeit in den Schulen seit den neunziger Jahren des letzten Jahrhunderts. Dieser Prozess wird noch Jahrzehnte andauern.
- Jeder Lehrer muss über grundlegende, theoretische Kenntnisse verfügen und in seinen Lehrfächern wichtige Arbeitstechniken, wie zum Beispiel Schreiben, Schneiden, Malen oder Werfen mit der linken Hand, demonstrieren können. Grundschullehrer brauchen darüber hinaus Spezialkenntnisse, weil sie den Einstieg in das Schreiben und weitere Techniken wie Stricken und Flöte spielen vermitteln.

- Besitzen Lehrer Kenntnisse zum Thema Linkshänder, geht es nicht nur den Schülern und ihren Eltern besser, sondern auch ihnen selbst. Die Lernergebnisse verbessern sich garantiert.
- In den vergangenen Jahrzehnten haben auch Lehrer linkshändige Schüler auf ihre schwächere rechte Seite umgeschult. Dieses Vorgehen ist überholt und muss der Geschichte angehören.
- Lehrer, die Schüler umgeschult haben, tragen nicht selten Schuldgefühle mit sich herum. Es wird ihnen guttun, wenn sie diese aufarbeiten.

BILD NR 12 **Mit links geht am wenigsten daneben**

Warum schreiben Linkshänder in Aufsätzen oft am Thema vorbei?

Der kleine Adrian ist im Fieber. Nein, er ist nicht krank, vielmehr hat ihn das Aufsatzfieber erwischt. Seit einigen Tagen schon schreibt der sportliche Drittklässler im Deutschunterricht Bildergeschichten. Mit großer Freude ist er dabei, kommt zum Fußballtraining fast zu spät. Die ganze Familie darf hin und wieder etwas aus seinen Geschichten hören. Auch Oma und Opa staunen über die sprachliche Leistung ihres Enkels. Opa bemerkt voller Stolz: „Das Schreibtalent hat der Junge von mir geerbt."

Einige Tage später wird in der Schule ein weiterer Aufsatz geschrieben. Eine kleine Bildergeschichte, bestehend aus vier Zeichnungen und einem humorvollen Ende. Dazu sollen die Aufsatzneulinge eine Überschrift entwickeln, es folgt eine kurze Einleitung, dann schreiben sie zu jedem Bild zwei Sätze und einen Schlusssatz. Adrian kommt nach Hause und ist mit sich sehr zufrieden. Immerhin hat er den längsten Aufsatz der Klasse geschrieben. Sogar noch länger als die schlaue Steffi.

Zwei Tage später ist seine gewohnte Fröhlichkeit wie weggeblasen. Unter Tränen legt er seiner Mutter das Heft mit dem blauen Umschlag auf den Tisch. Sie öffnet es, blättert zum Ende des langen Textes und sieht eine sauber geschriebene Fünf. Plötzlich erscheinen auch die beiden großen Geschwister, der Papa wird gerufen. Der große Bruder liest den Text der jungen Lehrerin vor, den sie mit schöner Schrift unter die Zensur geschrieben hat: „Lieber Adrian, du hast dir ganz viel Mühe gegeben und sehr fantasievoll geschrieben. Leider hast du dich nicht an unsere Regeln für eine Bildergeschichte gehalten. Achte beim nächsten Mal besonders auf..."

Kennen Sie auch Linkshänder, denen es so wie Adrian ergangen ist? Nicht selten höre ich: „Ich kenne jemanden, dem es so ergangen ist. Aber derjenige ist Rechtshänder." Auf diese interessante Beobachtung kommen wir weiter unten noch zu sprechen.

Linkshänder bringen hervorragende Voraussetzungen für das Schreiben mit

Jedenfalls starten Kinder wie Adrian in der Schule mit sehr viel Elan und echter Begeisterung. Nicht selten verfügen sie über einen umfangreichen Wortschatz. Oft sind sie Tagträumer und entwickeln auf ihren Fantasiereisen außergewöhnliche Ideen. Alles wird mit wundervollen Gedankenbildern ausgeschmückt. Wer diese Talente besitzt, seine ersten Geschichten, Reime oder Gedichte verfasst, kann schon im Kindesalter mit Lob von allen Seiten rechnen. Das fördert diese

Stärken. Die Talente, mit denen der Linkshänder seinen Aufsatz schreibt, sind in Wirklichkeit die Eigenschaften seiner dominanten rechten Hirnhälfte. Besonders greift er dabei auf seine Fantasie, Kreativität, sprachliche Schöpferkraft und das ganzheitliche, vernetzende Denken zurück. Aber auch Tierliebe, Hilfsbereitschaft, Rhythmus, Liebe zur Musik und zum Schauspiel können wesentlich sein. Linkshänder lieben es, sich mit Büchern, Gedichten, Aphorismen und Theater zu beschäftigen.

So wundert es nicht, wenn manch ein Linkshänder ein weltberühmter Schriftsteller wurde. Hierzu zählen bekanntermaßen Johann Wolfgang von Goethe und Hans Christian Andersen. Jedes Kind kennt seine Märchen „Die Prinzessin auf der Erbse", „Das hässliche Entlein" oder „Des Kaisers neue Kleider". Ein weiterer namhafter Schriftsteller ist Lewis Carroll, der Alice im Wunderland schrieb.

Sollten Sie als Rechtshänder jetzt die Stärken von jemandem, den Sie kennen, genau den Eigenschaften der rechten Hirnhälfte zuordnen, dann gibt es hierfür zwei mögliche Erklärungen:

1. Entweder sie haben einen Anhaltspunkt gefunden, dass die betreffende Person vielleicht genetischer Linkshänder ist; denn die Stärken der rechten Hirnhälfte sind Ausdruck der Rechtshirn-Dominanz. Und Menschen mit dieser Dominanz sind nun mal durch die Überkreuz-Steuerung unseres Körpers linksseitig.
2. Oder die Person hat eine starke rechte Hirnhälfte, aber eine noch stärkere linke Hirnhälfte. Die starke linke Hirnhälfte zeigt sich durch Eigenschaften wie Zahlen, Zeit, Ordnung, Logik und analytisches Denken.

Die Ausrichtung des Linkshänders verhindert Aufsätze, wie sie in der Schule verlangt werden

Kennen Sie die kleinen Bildergeschichten für Schüler der zweiten bis vierten Klassen? Auch Adrian, dessen Aufsatzerlebnis ich am Anfang dieses Kapitels geschildert habe, hatte sich damit zu beschäftigen. Nehmen wir beispielhaft an, auf dem ersten Bild ist ein Kind zu sehen, das gerade mit dem Fahrrad gestürzt ist. Der Schüler soll in zwei bis drei Sätzen schreiben, was er auf dem Bild sieht. Eine Möglichkeit: Michael fährt mit seinem Fahrrad zur Schule. Er passt einen Moment nicht auf und stürzt.

Was schreibt unser Linkshänder? Michael ist etwas Schlimmes passiert. Er hat Schmerzen im Knie und weint. Die Frau auf dem Fußweg hilft Michael hoch und tröstet ihn. Ein Mann kommt von der anderen Straßenseite gelaufen und sperrt die Straße ab. Wer ruft den Rettungswagen? Unser Linkshänder beschreibt nicht die exakten Details auf dem Bild. Vielmehr „malt" er die Szene mit Worten weiter. Er beantwortet für sich wichtige Fragen wie: Was kann daraus entstehen? Was ist zu tun? Wie geht es dem Verletzten. Wie kann ich helfen? Die Ursache für so eine Art sich auszudrücken ist das typische Denken mit der rechten Gehirnhälfte. Sie arbeitet nämlich ganzheitlich, vernetzend und durchdringt Situationen vielschichtig. Ein Schüler sagte mir einmal: „Warum soll ich schreiben, Michael stürzt mit dem Fahrrad? Das sehe ich doch!"

Ein zweites Beispiel. In der fünften Klasse heißt das Thema: „So wird ein Fahrradreifen geflickt." Der Schüler soll Abläufe in die richtige Reihenfolge bringen, dabei alles sachlich, nüchtern niederschreiben. Dazu soll er die einzelnen Schritte ordnen und logisch aneinandergereiht aufführen. Und genau das können Linkshänder oft nicht, das wollen sie auch gar nicht. Außerdem ist diese Art zu schreiben einfach langweilig für sie und entspricht schon gar nicht ihrem Verständnis von einer Geschichte.

In beiden Beispielen müssen die Schüler die Eigenschaften der linken Hirnhälfte nutzen. Sie aber ist die schwächere Hirnhälfte der Linkshänder. Und genau deshalb haben sie ihre Probleme, wenn es um Ordnung, Logik, analytisches Denken, Berichten und Erzählen sowie um die Zeit geht. Ob ein Schüler nun mit links oder rechts schreibt, sei dahingestellt; rechtshirnstarke Schüler werden fast immer die linke Hirnhälfte trainieren müssen. Genau diese Problematik kennt der gute Deutschlehrer. Mit einem großen Teil seiner Schüler muss er genau diese Bereiche trainieren. Ansonsten machen es ihm gerade die jungen Literaten unmöglich, für den gesamten Aufsatz eine gute oder sehr gute Note zu vergeben.

Mit gezielten Übungen Potenziale fördern

Im Kindergarten

Schon im Kindergartenalter können Sie Ihren Linkshänder ganz nebenbei und spielerisch auf zukünftige Aufsätze vorbereiten. Sie nehmen sich ein Bilderbuch. Ihr Kind erzählt vielleicht am liebsten zu jedem Bild eine Geschichte. Sie aber fragen heute: „Was siehst du auf dem Bild?" Sie lassen Ihr Kind ein bis drei Sätze erzählen. Und zwar das, was es sieht. Zum Beispiel: „Auf dem Bild sehe ich einen Mähdrescher und fünf Schweine." Nicht richtig ist: „So einen Mähdrescher haben wir im Kindergarten zum Spielen. Die Schweine sehen niedlich aus." Dann blättern sie um zur nächsten Seite. Und wieder: „Was siehst Du auf dem Bild?" Am nächsten Tag darf sich Ihr Kind wieder zu jedem Bild eine Fantasiegeschichte ausdenken.

Oder Ihr Kind hat Ihnen beim Kuchen backen geholfen. Gleich danach oder auch einen Tag später lassen Sie sich die Reihenfolge der einzelnen Backschritte erzählen. Bewährt hat sich auch das Spiel „Ich packe meinen Koffer." Ein Spaß für die ganze Familie.

In der Grundschule

Hier eine Empfehlung, wie Sie die Bildergeschichten der zweiten bis vierten Klasse üben können. Zur Geschichte gehören 4 Einzelbilder.

Sie sagen: „Stell Dir vor, du sollst anderen Kindern deine Geschichte vorlesen. Die Kinder kennen die Geschichte noch nicht."

Sie nehmen sich ein DIN-A-4-Blatt und schreiben mit großen Buchstaben auf das Blatt:

Überschrift; Einleitung; Bild 1; Bild 2; Bild 3; Bild 4; Schluss.

Eine Vorlage dafür sehen Sie auf dem Foto Nr. 28 im Anhang. Und nun fordern Sie Ihr Kind auf, sich die Bilder in Ruhe anzuschauen. Dann beantwortet es die folgenden Fragen:

- Ein bis drei Sätze zur Einleitung: „Wovon handelt die Geschichte?"
- Nun sagt Ihr Kind ein, zwei oder drei Sätze je Bild und schreibt sie auf. „Was siehst du auf dem Bild?"
- Der Schluss besteht aus ein oder zwei Sätzen. „Was lernst du (oder wir oder die Hauptperson) aus der Geschichte?"
- Die Überschrift finden, ähnlich wie in der Zeitung: „Gib deiner Geschichte eine Überschrift, die neugierig macht!"

Ich erinnere mich gut an einen Viertklässler, der mit einer Fünf für eine Bildergeschichte in meine Praxis kam. Wir übten eine Unterrichtsstunde anhand der vorstehend beschriebenen Vorgehensweise. Im folgenden Aufsatz brachte er eine Zwei nach Hause.

An den weiterführenden Schulen

In den Klassenstufen 5 bis 10, ja selbst in den Klassen 11 bis 13 geht so manch ein Aufsatz voll daneben. Dann wird der Aufsatz zurückgegeben und der Schüler liest: „Du hast leider das Thema verfehlt oder du hast die Regeln des Grundaufbaus nicht beachtet."

Schüler der oberen Klassen schreiben bessere Aufsätze, wenn sie ...

... wichtige Regeln auf ein DIN-A-4-Blatt schreiben, das Blatt farbig gestalten,

... die zu lernenden Regeln wie ein Tafelbild gestalten, in der Klasse und zu Hause aufhängen,

... Regeln für den Aufsatz auswendig lernen, vor Beginn noch einmal durchlesen oder während des Aufsatzes noch einmal stichpunktartig aufschreiben,

... bei mehrstündigen Aufsätzen mit Wecker und Zeitplan arbeiten sowie Pausen und Zeit zur Korrektur der Rechtschreibung einhalten.

Linkshänder erbringen gute Leistungen

Das Schreiben der Aufsätze will gelernt sein und unterliegt auch den Auffassungen und dem Literaturverständnis des Deutschlehrers. Das Beispiel einer linkshändigen Gymnasiastin zeigt, was das konkret bedeuten kann. Hier die Rückmeldungen einiger Deutschlehrer zu ihren Aufsätzen.

- In der fünften Klasse fragt der Lehrer, als er der zierlichen Schülerin den fantasievollen Aufsatz zurückgibt: „Hast du dir das alles selbst ausgedacht?" Die Frage versteht sie in diesem Augenblick nicht. Sie ist nur glücklich, denn unter dem Aufsatz steht eine große rote Eins.
- In der siebenten Klasse kommentiert ein anderer Deutschlehrer, der selbst Buchautor ist, einen Aufsatz so: „Der Aufsatz ist mir zu fantasievoll!" und gibt ihr die Note 4.
- In den Klassen 11 und 12 lässt ein kurz vor der Pension stehender Deutschlehrer jedes Mal die besten Aufsätze für die Mitschüler vorlesen. Ihr Aufsatz ist jedes Mal dabei.

Also, liebe Eltern linkshändiger Schüler, trösten und motivieren Sie Ihr Kind nach einer schlechten Aufsatznote! Der nächste Aufsatz bedeutet eine neue Chance.

Wissen auf den Punkt gebracht

- Linkshänder besitzen oft einen großartigen Wortschatz, Stärken in der Ausdrucksweise und im sprachlichen Vermögen. Außerdem entwickeln sie mit Kreativität und mit ihrer eindrucksvollen Fantasie Erstaunliches. Diese Stärken kommen ihnen beim Schreiben von Aufsätzen zu Gute. Hier liegen ihre Talente.
- Oft fällt es dem Linkshänder schwer, seine reichhaltigen Gedanken und bunten Ideen zu ordnen. Auch kann er mit der durch den Lehrer vorgegebenen Struktur nur schwer etwas anfangen. Immer wieder werden Sie

Gedankensprünge erleben. Vorgegebene Regeln für das Schreiben mögen Linkshänder nicht so sehr. Hier finden wir ihr Entwicklungspotenzial.

- Durch gezieltes Üben erreichen Sie, dass Linkshänder nicht am Thema vorbeischreiben.
- Geben Sie den Linkshändern und natürlich auch den anderen Schülern für diesen Lernprozess ausreichend Zeit, die Schwächen zu überwinden und die Stärken zu trainieren. Das Talent zum Schreiben ist wie ein guter Wein, der über mehrere Jahre reifen muss.

BILD NR 13 Der Linkshänder stößt sich mit dem starken linken Fuß vom Boden ab.

Welche Gebrauchsgegenstände benötigen erwachsene Linkshänder?

Es ist Pfingstwochenende, Sie haben frei und freuen sich. Denn heute geht es auf Fahrradtour mit Freunden durch den Frühling. Wie jedes Jahr. Auch das Wetter spielt mit. Sie radeln los. Nach einigen Kilometern merken Sie, Ihr Fahrrad läuft nicht richtig. Während die anderen sich rollen lassen und die Beine stillhalten, dürfen Sie treten. Selbst bei einer sanften Abfahrt erreicht Ihr Fahrrad nicht das gewohnte Tempo. Sie sind ein wenig entnervt. Und das bleibt so während der ganzen Radtour. Sie wissen nicht, warum Ihr Fahrrad heute nicht so gut läuft wie sonst. Es ist, als wäre der Dynamo eingeschaltet. Ab und zu, bei Rückenwind schaltet sich ein zweiter Dynamo hinzu. Aber nur bei Ihnen. Sie merken diesen Unterschied, wissen aber nicht, woher er kommt. Am Ende der Tour zeigt Ihr Tacho 59 Kilometer an. Sie sind deutlich stärker ermattet als sonst. Die Fahrt durch den Frühling war schön, aber irgendwie hatte sie einen bitteren Beigeschmack.

Genauso ergeht es Linkshändern, wenn sie Ihre speziellen Gebrauchsgegenstände nicht verwenden. Sie erreichen ihr Ziel, jedoch ist der Weg dahin mit erheblich mehr Anstrengung verbunden. Andere Menschen gelangen locker und problemlos an das gleiche Ziel. Beim Linkshänder bleibt durch den Extra-Aufwand die Freude auf der Strecke.

Linkshänder brauchen deutlich mehr Energie, wenn sie ihre speziellen Gebrauchsgegenstände nicht nutzen

Haben Sie sich schon einmal vorgestellt, mit einer Linkshänder-Schere zu schneiden, wenn Sie Rechtshänder sind? Könnten Sie eine Scheibe Brot wirklich gerade schneiden, wenn Sie mit einem Linkshänder-Messer schneiden müssten? Würde es Sie viel mehr anstrengen, wenn Sie mit diesem Messer gleich drei Brote für eine Geburtstagsfeier aufschneiden müssten? Könnten Sie den Korkenzieher professionell anwenden, wenn die Drehrichtung von rechts nach links geht? Führen Sie sich einmal vor Augen, die Computermaus jeden Tag mit der linken Hand zu bedienen.

Linkshänder nutzen oft „fremde" Gebrauchsgegenstände

Sie werden sehr schnell bemerken, wie Ihnen dies als Rechtshänder völlig unmöglich erscheint. Andersherum mühen sich Linkshänder jeden Tag mit Gebrauchsgegenständen ab, die für Rechtshänder produziert wurden. Hier einige Zitate von erwachsenen Linkshändern, die Arbeitsmaterialien für Rechtshänder genutzt haben: „Jedes Mal fiel mir das Kleingeld aus dem Portemonnaie, weil ich es als Linkshänder geöffnet habe." „Die Soßenkelle mit dem Ausgießer links zwang mich, den Arm bis zur Schmerzgrenze zu drehen. Gekleckert habe ich damit immer." „Mit der Nagelschere für Rechtshänder konnte ich mir nie die Fingernägel schneiden." So manch ein Linkshänder gilt deshalb als ungeschickt. Nicht nur die falschen Gebrauchsgegenstände machen es dem Linkshänder schwer, sondern auch der durch die Nutzung erhöhte Energieaufwand. Er beträgt bis zu 30 Prozent.

Erwachsene kennen die Gebrauchsgegenstände für Linkshänder häufig nicht

Seit Mitte der neunziger Jahre gib es verstärkt Materialien für Linkshänder. Viele erwachsene Linkshänder kennen sie noch nicht. Hier eine Aufzählung von wichtigen Gebrauchsgegenständen, die speziell für Linkshänder erfunden wurden:

Küche und Haushalt

Brotmesser; Menümesser; Fischbesteck; Soßenkelle; Suppenlöffel; Dosenöffner; Korkenzieher; Allesschneider für Brot, Käse und Wurst; Eisportionierer; Kartoffelschäler; Spargelschäler; Messbecher; Maßband

Schreiben und Büro

Schreibunterlage „Gesundes Schreiben für Linkshänder"; Lineal; Füller; Anspitzer; Kollegblock liniert oder kariert; Kalligraphiestifte

Garten

Sichel; Sense; Gartenschere

Sport und Freizeit

Golfschläger; Eishockey-Schläger; Gewehr; (Sportbogen) Bogenschießen; Geldbörse

Job

PC-Maus; PC-Tastatur; PC-Ziffernblock; Zollstock; Schieblehre; Friseurschere; Schneiderschere

Musik

Gitarre; Flöte; Schlagzeug; Geige; Cello

Mein Tipp: Diese Gebrauchsgegenstände eignen sich hervorragend zum Verschenken. Damit machen Sie Ihrem Linkshänder garantiert eine Freude.

Gebrauchsgegenstände für Linkshänder sind „in"!

Neue Gebrauchsgüter müssen Linkshänder erlernen

Im März 2002 stellt die ARD-Ratgebersendung „Aus Wissenschaft und Technik" Materialien für Linkshänder vor. Die Computermaus ist an der Reihe. Ein aktiver Linkshänder berichtet, er nutze die Computermaus immer mit der rechten Hand. Damit habe er keine Probleme. Der junge Mann setzt sich an einen Computer und testet die Maus mehrere Minuten mit der linken Hand. Sein Fazit: Es ist viel schwerer. Er könne sich nicht vorstellen, die Maus mit der linken Hand zu bedienen.

Für den Moderator ist das Thema hiermit erschöpfend beantwortet. Für mich nicht. Meine Schlussfolgerung lautet: Linkshänder müssen neue Gebrauchsgegenstände erlernen. Dafür brauchen sie Zeit und Anleitung. Erst dann entfalten die Materialien ihre Vorzüge.

Es gibt Linkshänder, die sofort zur Tat schreiten und sich ihre Materialien anschaffen. Dann geht es los! Sie sortieren die alten Materialien aus. Von nun an nutzen sie nur noch die neuen Materialien. Angefangen vom Kartoffelschäler, über die Gartenschere, bis zur Soßenkelle und zum Anspitzer. Sie nutzen sie alle sofort.

Doch halt! Davor darf ich Sie warnen, falls Sie so etwas vorhaben! Erlernen Sie die Gebrauchsgegenstände Schritt für Schritt! Dabei meistern Sie einige von ihnen wie den Korkenzieher deutlich schneller als das Brotmesser oder die Computermaus.

So wenden Sie neue Gebrauchsgegenstände sinnvoll an:

- Erlernen Sie den Umgang mit neuen Gebrauchsgegenständen nach und nach.
- Ihre linke Hand erlernt Bewegungsabläufe vollkommen neu. Geben Sie ihr dafür ausreichend Zeit. Fangen Sie mit der Computermaus zum Beispiel mit 3-mal 10 Minuten täglich an. Steigern sie allmählich die Intensität.
- Neue Bewegungsabläufe, wie z.B. Kartoffeln schälen oder Brot schneiden, sind erst nach einigen Wochen oder Monaten automatisiert. Erst dann entfalten sie ihre volle Wirkung.
- Einige sehr nützliche Geräte lassen Sie sich vom Fachmann erklären. Meinen heute besten Dosenöffner habe ich bei der Erprobung fast weggeworfen, weil ich nicht sehen konnte, dass die Dose schon geöffnet war.

- Stressige Tage sind nur sehr bedingt geeignet, mit neuen Gebrauchsgegenständen zu trainieren.

Wichtig ist es, den ersten Schritt zu gehen. Ich erinnere mich an meine erste Linkshänder-Computermaus. Nachdem mein Sohn mich drei Wochen belagert hat, probiere ich sie aus. Meine Antwort nach dreiminütiger Testung: „Die bleibt gleich hier liegen!"

Der Arbeitsplatz für Linkshänder

Linkshänder weisen einige Persönlichkeitseigenschaften auf, die in der modernen Arbeitswelt äußerst wertvoll sind. Hier nur zwei ihrer Stärken: Oft sind Sie die kreativen Köpfe eines Unternehmens; von ihrer Teamfähigkeit profitieren alle Mitarbeiter und besonders die Kunden.

Werden bei der Gestaltung des Arbeitsplatzes linkshändertypische Besonderheiten berücksichtigt? Meistens nicht. Wenn Sie selbst Linkshänder sind oder linkshändige Mitarbeiter haben, denken Sie einmal über diesen Punkt genauer nach. Vorschläge lassen sich oft ohne große Mehrkosten umsetzen. Es lohnt sich aus emotionaler wie aus ökonomischer Sicht.

Eine linkshändige Frau arbeitet in der Abteilung Buchführung in einer großen Spedition. Sie gibt in ihrer Tätigkeit hauptsächlich Zahlen in das Buchführungssystem ein. Der Ziffernblock befindet sich auf der rechten Seite der Tastatur. Bevor sie lange beim Chef fragen muss, investiert sie selbst in die Linkshänder-Tastatur. Der Ziffernblock ist links. Einige Wochen später erzählt sie von folgenden vorteilhaften Ergebnissen:

- Sie hat keine Schmerzen mehr in der rechten Hand.
- Sie macht deutlich weniger Eingabefehler.
- Ihre Konzentration ist erheblich besser geworden.
- Sie spürt während des Arbeitens mehr Energie.
- Nach dem Arbeitstag ist sie nicht mehr so erschöpft.

Sie schließt mit den Worten: „Ich bin froh, mich darum gekümmert zu haben."
Der Chef hat übrigens die Kosten für die Tastatur erstattet.

Menschen, die zwangsweise Ihre linke Körperseite nutzen

Durch Krankheit oder nach einem Unfall sind einige Menschen zwangsweise auf ihre linke Körperseite angewiesen. Wichtig ist es, Tätigkeiten mit der schwächeren linken Hand allmählich zu erlernen, sich genügend Zeit zu nehmen und Erholungspausen einzuplanen. Immerhin erlernt die andere Körperseite ganz und gar neue Tätigkeiten.

Schreiben mit der schwächeren linken Hand kann ich nicht empfehlen, denn Schreiben ist Hochleistungssport für die Hand und die gegenüberliegende, steuernde Gehirnhälfte. Besser ist es, auf den Computer auszuweichen.

Ein 38-jähriger Mann verliert bei einem Unfall seinen rechten Arm. Innerhalb von 3 Jahren erlernt er viele Tätigkeiten mit seiner linken Hand. So auch das Schreiben. Seine Schrift ist gut lesbar. Seine Frau sagt: „Trotz seines Unfalls geht es ihm besser als vorher." Hier liegt die Vermutung nahe, dass er eventuell genetischer Linkshänder ist und durch den Schicksalsschlag dazu gebracht wurde, seine starke Körperseite zu gebrauchen.

Wissen auf den Punkt gebracht

- Erwachsenen Linkshändern empfehle ich: Nutzen Sie die speziellen Gebrauchsgegenstände für Linkshänder. Zwei Vorteile verspreche ich Ihnen hierdurch: Sie verbrauchen bis zu 30 Prozent weniger Energie. Materialien, die speziell für Sie erfunden wurden, erzeugen gute Laune. Sie schälen nicht mehr missmutig die Kartoffeln, sondern singen eventuell ein Lied dabei.

- Stellen Sie nicht von heute auf morgen alle Ihre Rechtshänder-Gebrauchsgegenstände auf Linkshänder-Gebrauchsgegenstände um. Die neuen Materialien erlernen Sie bitte nach und nach. Nur dann entfaltet jeder einzelne Gegenstand seine volle Wirkung. Sie werden staunen, eine ganz besondere Lebensfreude entsteht durch diese Herangehensweise.

- Auch Ihren Arbeitsplatz gestalten Sie entsprechend Ihrer Linkshändigkeit. Dabei gibt es bisher kaum Erfahrungen und Patent-Rezepte. In den meisten Fällen finden Sie selbst Ihre beste Lösung. Die Linkshänder-Maus kann dabei genauso ein Volltreffer sein, wie das neu angeordnete Werkzeug oder das Ambiente des gesamten Arbeitsplatzes. Die Arbeitsergebnisse jedenfalls verbessern sich.

- Es gibt Menschen, die nach einem Unfall oder einer Krankheit zwangsweise die linke Körperseite und die Gebrauchsgegenstände nutzen müssen. Eine fachliche Betreuung ist meistens notwendig. Die Betroffenen brauchen längere Erholungsphasen. Erwachsene sollten die Schreibschrift mit der schwachen linken Hand nicht erlernen. Mit dem PC-Schreiben haben sie mehr Erfolg.

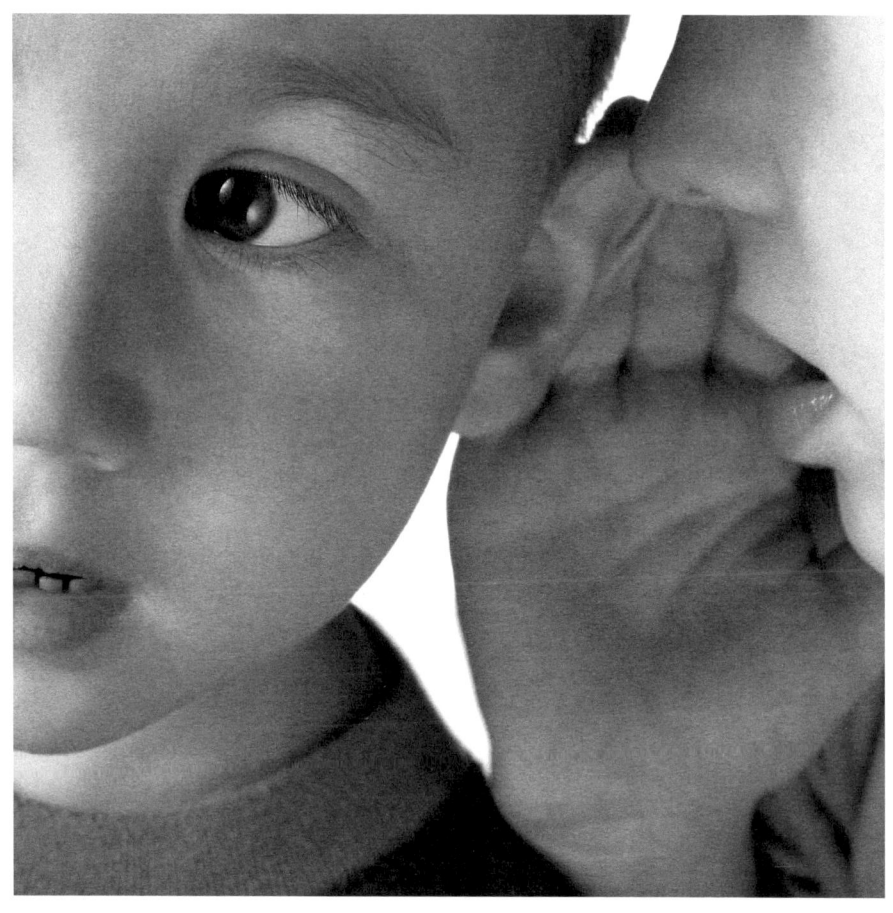

BILD NR 14 Die stille Post erreicht den Empfänger über das linke Ohr.

Haben Linkshänder Schwächen?

Die Mutter von Julia erzählt von den Stärken und Schwächen ihrer linkshändigen Tochter. Die Neunjährige besucht die vierte Klasse. Ausgeprägte Stärken hat sie im Musikalischen und im Schauspielerischen. Sie ist sehr sozial und tierlieb. Eine Katze, die Julia hinterherlief, wurde deshalb in der Familie aufgenommen.

Berichtet Julia von einem Erlebnis, holt sie sehr weit aus. Die anderen unterbrechen sie recht bald und sagen: „Nun komm doch mal auf den Punkt." Julia mag keine Aufsätze, in denen sie einen Ablauf beschreiben muss. Sie liebt Fantasie-Aufsätze. Jede Woche könnte sie einen schreiben.

Zahlen ziehen Julia nicht so sehr an. Nur in der ersten Klasse war Julia vom Fach Mathematik regelrecht begeistert, denn der Lehrer hielt einen tollen Unterricht. Damit er sie öfter drannimmt, hat sie sich von der rechten auf die linke Klassenseite gesetzt. Ab Klasse 2 ist Mathematik wegen des neuen Lehrers nicht mehr interessant. Julia sagt: „Statt Mathe möchte ich lieber Kunst und Religion haben."

Die Uhr kann Julia zwar lesen, sie interessiert sich aber nicht für die Zeit. Sie lebt lieber in den Tag hinein. Ihr Motto: Worauf habe ich heute Lust?

Ein großes Problem für ihre Umwelt ist Julias Ordnung. Innerhalb weniger Stunden verwandelt sie Ordnung in liebevolles Chaos. Das gelingt in der Schultasche, im Wäscheschrank, in ihrem Zimmer, einfach überall im Haus. Zieht sie sich morgens an, muss danach der gesamte Schrank eingeräumt werden. Vor der Schule findet Julia hierfür keine Zeit mehr, also wirft sie schwungvoll alles wieder hinein. Die Mutter sagt: „Wenn Julia dreimal durch unser Haus gegangen ist, kann ich einmal aufräumen." Am Ende der letzten Ferien öffnet die Mutter Julias Brotdose: eine Pilzkultur kommt zum Vorschein. Da fällt ihr nichts mehr ein, außer: „So geht es nicht weiter!"

Die Schwächen der Linkshänder

Mit den gleichen Schwächen wie Julia haben viele Linkshänder zu kämpfen. Im Wesentlichen sind es die Bereiche „Zahlen, Ordnung, Zeit und Zeitgefühl, Logik, analytisches Denken, Berichten und Erzählen". Die Ausprägung dieser Schwierigkeiten ist sehr unterschiedlich. Sie kennen vielleicht Linkshänder, die mit den eben genannten Kategorien keine Probleme haben. Betrachten wir ihre Stärken, die zum Beispiel in der Musikalität, in der Kreativität oder im ganzheitlichen Denken liegen, dann ragen diese oft heraus und überlagern Schwächen in anderen Bereichen. Ich kenne Linkshänder, die kein Zeitgefühl und erst recht keinen Sinn für Ordnung haben. Trotzdem sind sie in anderen Bereichen äußerst leistungsstark und erfolgreich. Manchmal bezeichnen sie selbst sich als Chaot.

Die Eigenschaften der linken Hirnhälfte sind die Schwäche vieler Linkshänder.

Die genannten Schwächen werden alle der linken Hirnhälfte zugeordnet. Sie ist die schwache Hirnhälfte der Linkshänder. Es ist immer faszinierend, Eltern zu den Schwächen ihres linkshändigen Kindes zu hören. Die Spannbreite reicht von „Es geht so" bis „eine wirkliche Katastrophe."

So helfen Sie „Ihrem" Linkshänder

So wie jede Medaille zwei Seiten hat, haben Linkshänder Stärken und Schwächen. Die folgende Vorgehensweise dient der Überwindung der Schwächen. Besonders bei Kindern ist diese Methodik hilfreich und hat sich bewährt. Sie kann ebenso bei Erwachsenen angewandt werden, die die eine oder andere Schwäche überwinden möchten.

1. Mit Verständnis

Zeigen Sie zuerst einmal Verständnis. Einerseits verfügt Ihr Linkshänder über außergewöhnliche Talente, andererseits hat er seine Schwächen. Beides gehört zusammen. Sie selbst haben sicherlich bereits viele gute Taten in Ihrem Leben vollbracht, andererseits auch Fehler gemacht. Nehmen Sie die Schwächen Ihres Linkshänders an wie sie sind. Mit Verständnis geht es Ihnen schon mal deutlich besser und Ihrem Linkshänder auch.

2. Mit Geduld

Linkshänder brauchen länger, manchmal sogar deutlich länger, um zum Beispiel Ordnung in der Schultasche zu erlernen. Ein Gedicht beherrschen sie oft nach drei Mal durchlesen. Damit sie Pünktlichkeit erlernen und ihre Schulmaterialien immer komplett haben, müssen Sie viel länger trainieren. Ihr Linkshänder und Sie werden garantiert Erfolge erzielen. Nur dauert es länger. Stellen Sie sich darauf ein.

3. Mit Konsequenz

Seien Sie konsequent. Ihr Kind muss es erlernen.

Ein Schüler, der in der achten Klasse am Gymnasium nur einen Hefter für alle Mitschriften besitzt und alle Blätter als lose Sammlung in diesen Hefter legt, bekommt bis zum Abitur ein Problem. Ein Erwachsener sagte dazu in einem Vortrag: „Mit dieser Strategie habe ich im Abi mit einer Eins bestanden." Meine Antwort darauf: „Dann sind Sie hochbegabt. Das sind nur zwei Prozent der Heranwachsenden. Die anderen 98 Prozent der Schüler entfalten ihr Leistungsvermögen so nicht."

Genauso wichtig ist Pünktlichkeit. Der Auszubildende Michael Spät kommt am dritten Arbeitstag seiner Berufsausbildung zum dritten Mal dreizehn Minuten zu spät. Nun hat Michael ein Problem. Denn sein Chef sagt: „Herr Spät, unsere Firma und Sie passen nicht zueinander."

Kinder und besonders Jugendliche müssen Pünktlichkeit lernen. Geben Sie ihnen dazu regelmäßig Rückmeldungen. Vornehmlich sind Eltern hier gefordert, aber auch die Schule. Beginnt die Unterrichtsstunde um 9:30 Uhr, dann fängt sie nicht um 9:34 Uhr an. Wer sich verspätet, muss eine pädagogisch sinnvolle Rückmeldung durch den Lehrer bekommen.

Acht Tipps für Eltern, mit denen linkshändige Kinder und Jugendliche ihre Schwächen überwinden

Die folgenden Tipps helfen linkshändigen Kindern und Jugendlichen. Desgleichen ist für erwachsene Linkshänder die eine oder andere Hilfe dabei. Entsprechendes gilt natürlich für Rechtshänder.

1. Trainieren Sie den Umgang mit Zahlen. Machen Sie die alten Würfel- und Brettspiele wieder flott. Kartenspiele mit der ganzen Familie bringen mehr als nur ein besseres Zahlenverständnis. Lassen Sie die Kinder beim Autofahren die Geschwindigkeit am Tachometer ablesen. Als meine Kinder das konnten, hörte ich des Öfteren: „Papa, Du fährst zu schnell."
2. Üben Sie rechtzeitig die Uhrzeit. Gehen Sie dabei nicht zu schnell vor. Zuerst nur die volle Stunde üben. Dazu gibt es tolle Übungsuhren, Spiele und Bücher.
3. Wird Ihr Linkshänder eingeschult, sollte er seinen Wecker geschenkt bekommen. Er stellt ihn abends und steht morgens nach dem Klingeln auf. Natürlich kontrollieren Sie dies je nach Selbständigkeit Ihres Kindes.
4. Trainieren Sie das Zeitgefühl mit Ihrem Kind. Organisieren Sie eine Stoppuhr. Kinder lieben es, Zeiten zu stoppen. Wie lange brauche ich zum Anziehen? Putze ich drei Minuten Zähne?
5. Linkshänder räumen lieber mit Musik auf, gerne auch zu zweit oder zu dritt. Wenn Sie dabei singen, sagt Ihr Kind vielleicht: „Mama, Aufräumen macht richtig Spaß."
6. Soll Ihr Kind mehrere Aufgaben erledigen, nimmt es ein Blatt Papier und malt für jede Aufgabe ein kleines Bild. Dann werden diese nummeriert. Ist

die Aufgabe erledigt, abhaken oder durchstreichen. Erwachsene mögen diese Vorgehensweise gleichfalls.

7. Wenn Ihr linkshändiges Kind nicht aufräumt, geben Sie Ihm keine logischen Begründungen, wie „Ordnung ist wichtig im Leben", „Das gehört sich so", „Daran muss sich jeder halten." Mehr erreichen Sie zum Beispiel mit „Der Teddy hinten in der Ecke unter den Büchern weint schon" oder „Die Legosteine wollen nachts bestimmt in ihrer Kiste schlafen." Schauspielern Sie dabei.

8. Kontrollieren Sie täglich die Hausaufgaben, die Arbeitsmaterialien und die gepackte Schultasche. Hat Ihr Kind mehr Selbständigkeit erlangt, kontrollieren Sie weniger. Bei mir zum Beispiel mussten meine Mutter oder meine Oma jeden Tag bei den Hausaufgaben dabeisitzen. Sonst habe ich nur gespielt. Dies war bis zum Ende der vierten Klasse notwendig. Mit einem Radiergummi in der Hand konnte ich mich ohne weiteres dreißig Minuten beschäftigen. Heute bin ich beiden sehr dankbar. Ich hätte sonst viel verpasst, ein Abitur wäre wahrscheinlich unmöglich gewesen.

Sechs Tipps, die erwachsenen Linkshändern helfen, ihre Schwächen zu überwinden

1. Könnten Sie als Erwachsener in Ihrem Leben auf Musik verzichten? Das Sprichwort „Mit Musik geht alles besser" hat seine Berechtigung. Aktivitäten wie Aufräumen, die Wohnung putzen, Zahlen verarbeiten bereiten sogar Freude. Erzeugen Sie mit Musik eine angenehme Stimmung.

2. Nicht wenige Linkshänder leben gerne in den Tag hinein. Machen Sie das jeden Tag, bekommen Sie ein Problem. Sie verpassen Termine, bezahlen Rechnungen zu spät und vergessen wichtige Geburtstage. Erlernen Sie es, sich zu strukturieren. Planen Sie Ihr Jahr, Ihren Monat, Ihre Woche und Ihren Tag oder entwickeln Sie Ihren eigenen Rhythmus.

3. Erwachsenen und Jugendlichen, die zu Zahlen ein gestörtes Verhältnis haben, empfehle ich das Buch „Der Zahlenteufel" von Hans Magnus Enzensberger. Sie werden lachen, staunen und ein neues, positives Verhältnis zu Zahlen gewinnen.

4. Jede Dyskalkulie, auch Rechenschwäche genannt, lässt sich aufarbeiten. Das ist selbst möglich, wenn die Schulzeit längst hinter Ihnen liegt. Genauso wie Sie den Führerschein mit fünfzig Jahren erwerben können, erlernen Sie das Rechnen als Erwachsener.

5. Ist Ordnung Ihr Problem? Ich empfehle Ihnen das Buch „Simplify your Life" von Werner „Tiki" Küstenmacher und Lothar J. Seiwert.

6. Weitere Literaturempfehlungen, die Ihnen helfen, typische Linkshänder-Schwächen zu überwinden, habe ich für Sie auf unserer Internetseite www.Left-Handers-World.com zusammengestellt.

Wissen auf den Punkt gebracht

- Mit diesen Schwächen kämpfen Linkshänder oft: Zahlen, Zeit, Ordnung, logisches Denken, Berichten und Erzählen. Es sind Eigenschaften der linken Hirnhälfte.
- Linkshänder überwinden ihre Schwächen, wenn sie mit Verständnis, Geduld und Konsequenz begleitet werden.
- Mit ihren Stärken überwinden Linkshänder die anfänglichen Schwächen. Kindern helfen Sie dann besonders, wenn Sie sie in ihrem Gefühl ansprechen. Aufräumen mit Musik gelingt besser als Aufräumen ohne Musik.
- Ihre Schwächen dürfen Sie nicht hindern, Ihre Ziele zu erreichen. Bekommen Sie die Schwächen in den Griff! Machen Sie Ihre Schwächen nicht zum Beruf.

BILD NR 15 **Freude beim Backen nur mit links**

Ist unsere Welt eine rechte Welt?

In meiner Studienzeit nehme ich an einer Exkursion zur Bestimmung von Pflanzen teil. Der Professor zeigt und beschreibt eine Baumart, die ich noch nie gesehen habe. Die Blätter leuchten in einem wunderschönen Grün und haben eine ganz besondere Form. Die Blattadern und die Form des Blattes erzeugen das Bild eines Fächers. Deshalb heißt der Baum auch Fächerblattbaum. Ich kenne ihn nicht, denn er stammt aus Ostasien. Dort wird er als heiliger Baum verehrt. Dieser Baum ist ein lebendes Fossil, denn es gab ihn schon vor 300 Millionen Jahren.

Der Professor nennt beiläufig den bekannten Namen: Ginkgo! Jetzt macht es auch bei mir klick. Zum Ende der Exkursion fügt er noch hinzu: „Ach ja, wenn Sie einen Ginkgobaum verschenken wollen, nehmen Sie keinen weiblichen Baum. Denn er riecht bei der Reifung der Samen sehr unangenehm. Sie machen sich damit im Nachhinein sehr unbeliebt." Immer, wenn ich jetzt an einem Ginkgobaum vorbeigehe oder fahre, denke ich an die Geschichte mit dem unangenehm riechenden Ginkgobaum.

Sie entdecken die „rechte" Welt

So wie es mir mit dem Ginkgobaum ergangen ist, wird es Ihnen mit der rechtshändigen Welt nach dem Lesen dieses Kapitels ergehen. Garantiert entdecken Sie die rechte Welt an Stellen, die sich Ihnen jetzt noch verschließen. Hinter links und rechts verbirgt sich deutlich mehr, als wir uns zunächst vorstellen können. Das betrifft unsere Sprache, die Religionen und Gebrauchsgegenstände.

Links und rechts in der Sprache

Hier einige Wörter, die „rechts" beinhalten: Rechtsstaat, Rechtsanwalt, Rechtschreibung, Berechtigung, gerecht, rechthaberisch sein, recht behalten.
Sehr interessant sind Sprüche: „Du hast recht!"; „Recht und Ordnung"; „Mein rechter, rechter Platz ist leer, ich wünsche mir den ... her!"; „Die rechte Hand vom Chef"; „Wer auf dem rechten Weg ist, braucht sich nicht umzuschauen"; „Wer recht tut, der schläft ohne Sorge"; „Wer recht handelt, braucht das Licht nicht zu scheuen"; „Wer nicht kommt zur rechten Zeit, der muss nehmen, was übrig bleibt". Haben Sie das Besondere der Wörter und Redewendungen mit „rechts" herausgefunden?
Nun Wörter mit „links": linkisch, linke Socke, linke Pfote, die Innenseite einer Jacke ist die linke Seite, links herum Waschen.

Auch die Sprüche sind interessant: „Jemanden links liegen lassen"; „Jemanden linken"; „Er hat zwei linke Hände"; „Was die Linke tut, lass die Rechte nicht wissen"; „Mit dem linken Fuß aufstehen"; „Das mache ich doch mit links"; „Die linke Hand kommt vom Herzen". Haben Sie das Besondere der Wörter und Redewendungen mit „links" herausgefunden?

Das Fazit von links und rechts in der Sprache: Das Wort „rechts" wird im Sinne von richtig, positiv und gut gebraucht. Genauso ist es mit Redewendungen und Sprüchen. Das Wort „links" wird im Sinne von falsch, schlecht, negativ oder wertlos gebraucht. Das drücken auch Sprüche und Redewendungen aus.

Links und rechts in der Religion

In der christlichen Religion finden sich zahlreiche Beispiele dafür, die „rechts" als gut, richtig und erwünscht bewerten. „Links" hingegen bedeutet schlecht, falsch und minderwertig. Gesegnet wird nur mit der rechten Hand. Vor einigen Jahrzehnten noch saßen die Männer, das damals bessere Geschlecht der Gesellschaft, rechts in der Kirche und die Frauen links. Auf Gemälden mit Darstellungen des Jüngsten Gerichts befinden sich rechts das Paradies und links die Hölle.

Stellen Sie sich einen Linkshänder vor, der um 1609 lebte. In diesem Jahr baute Galileo Galilei das erste Fernrohr. Es war die Zeit der Inquisition. Die allergrößten Gebäude, die die Menschen kannten, waren Kirchen. Linkshänder hatten es in jenen Zeiten sehr schwer.

Aus anderen Religionen sind ähnliche Beispiele mit Wertungen für Linkshänder und Rechtshänder bekannt. In Dumonts Handbuch ISLAM ist zu lesen: „Wichtig ist, dass man ausschließlich die rechte Hand zum Essen benutzt. Muslime sagen, dass nur der Teufel mit der linken Hand isst. Eine andere Erklärung mag sein, dass es unter Muslimen üblich ist, die linke Hand zur Körperreinigung nach der Notdurft zu benutzen."

Gebrauchsgegenstände für Rechtshänder

Eine junge Frau arbeitet in einer Werkzeugmaschinenfabrik an einer Bohrmaschine. Die Bohrmaschine ist ungefähr drei Meter hoch. Als Linkshänder bekommt sie im Ernstfall ein großes Problem. Der Notschalter befindet sich auf der rechten Seite. Sie sagt: „Greife ich im Notfall mit meiner linken Hand zum Notschalter, muss ich mit meinem Arm und mit meiner Schulter am Bohrfutter vorbei. Wenn ich Pech habe, wickeln sich meine langen Haare um den Bohrer."

Ein linkshändiger Zahnarzt erzählt mir von seiner Ausbildung an der Universität. Zu Trainingszwecken stehen im Kursraum 10 Zahnarztstühle. Dort führen die zukünftigen Zahnärzte unter Anleitung Zahnbehandlungen durch.

Alle 10 Stühle sind für Rechtshänder gemacht. Auf linkshändige Studenten ist die Universität nicht vorbereitet, obwohl es den Linkshänder-Zahnarzt-Stuhl gibt. Soweit zwei Beispiele aus der Berufswelt.

Und wie ist es bei Ihnen im privaten Umfeld? Eventuell sind Sie Linkshänder oder jemand in Ihrer Familie oder im Bekanntenkreis. Erlernt er das Zähneputzen mit links? Wird der Tisch für Linkshänder eingedeckt? Gibt es eine Nagelschere, Hautschere oder sogar die Gartenschere für Linkshänder? Sehr oft werden diese Fragen mit nein beantwortet.

Die Welt der Rechtshänder erscheint stark und groß – Die Welt der Linkshänder wächst mit erstaunlicher Geschwindigkeit

Die Bereiche Sprache, Religion und Gebrauchsgegenstände mögen ein Beleg dafür sein: Wir leben in einer vollständig rechtsorientierten Welt. Ob wir uns dessen bewusst sind oder nicht, die rechte Welt beeinflusst uns immer. Sie lässt Linkshänder die Gebrauchsgegenstände der Rechtshänder nutzen und wertet Linkshänder unterschwellig ab. So manch ein Linkshänder lebt wie ein Rechtshänder, nicht selten ist er ein umgeschulter Linkshänder.

Für alle Linkshänder gibt es gute Nachrichten. Die Welt der Linkshänder existiert und sie wächst schnell, weil immer mehr Menschen sie bewusst wahrnehmen. In diesem Prozess brauchen besonders Linkshänder Selbstbewusstsein und weitere Unterstützung. Lesen Sie hierfür alle Kapitel dieses Buches und setzen Sie die Empfehlungen um. Ganz wichtig sind Gebrauchsgegenstände, damit Sie nicht wie ein Rechtshänder arbeiten müssen. Leben Sie Ihre Stärken in Beruf, Freizeit und Familie.

Das Universum der Linkshänder und Rechtshänder passt wunderbar zusammen. Beide besitzen große Potenziale und ergänzen sich fantastisch.

Wissen auf den Punkt gebracht

- In unserer Sprache ist „rechts" positiv belegt, „links" dagegen negativ. Das drücken einzelne Worte aus und insbesondere Sprüche und Redewendungen.
- In der christlichen Religion steht rechts für gut, richtig und erwünscht, links hingegen für schlecht, falsch und minderwertig. In anderen Religionen zeigen sich ähnliche Tendenzen.
- Gebrauchsgegenstände sind fast ausschließlich für Rechtshänder angefertigt. Mittlerweile gibt es für Linkshänder eine Vielzahl an Gebrauchsge-

genständen. Wichtig ist, dass sie dem Linkshänder zur Verfügung gestellt werden und er sie konsequent nutzt.

- Unsere rechtsorientierte Welt setzt unterschwellig viele Impulse, die Linkshänder abwerten und ihnen das Leben erschweren. Nicht selten führt dies zu umgeschulter Linkshändigkeit.
- Die Welt der Rechtshänder beherrscht den Alltag. Damit die Welt der Linkshänder genauso stark wird, brauchen Linkshänder Selbstbewusstsein, Gebrauchsgegenstände und das Ausleben Ihrer Stärken in Beruf, Freizeit und Familie.
- Die Welt der Linkshänder und die der Rechtshänder sind zwei Ebenen einer Welt und passen sehr gut zusammen. Beide Ebenen ergänzen sich und bringen durch das bereichernde Zusammenwirken Vorteile für alle.

BILD NR 16 Mit links genießen

Lohnt sich für umgeschulte Linkshänder eine Rückschulung?

In einem regionalen Hamburger Fernsehsender stellt mich der Moderator so vor: „Mein Gast heute ist Frank Steinkopf. Er ist Berater für Linkshänder und beschäftigt sich mit Rückenschulung. Was dürfen wir uns darunter vorstellen?"

Ich antworte: „Da ist Ihnen ein toller Versprecher unterlaufen. Ich beschäftige mich nicht mit dem Rücken der Linkshänder und dessen Schulung. Zu mir kommen umgeschulte Linkshänder, die wieder zurück auf ihre starke linke Körperseite wollen."

Was bedeutet Rückschulung?

Zugegeben, Berater für Linkshänder ist kein alltäglicher Beruf. Er ist mindestens genauso außergewöhnlich wie Wattführer oder Vogelwärter auf der Nordseeinsel Trischen. Ein Spezialangebot wie Rückschulung ist erst recht erklärungsbedürftig. Was genau dürfen Sie sich darunter vorstellen?

„Rückschulung auf die dominante linke Körperseite" ist die Möglichkeit, sich vom umgeschulten Linkshänder zum aktiven Linkshänder zu entwickeln.

Der fachlich eindeutige Begriff lautet „Rückschulung auf die dominante linke Körperseite". In meinen Ausführungen verwende ich zur Vereinfachung die Begriffe „Rückschulung der Händigkeit" oder nur „Rückschulung". Die Methodik basiert auf meinen Erfahrungen aus vielen Rückschulungen seit 1995; hieraus habe ich dann eine generell geeignete Vorgehensweise für die Rückschulung entwickelt.

Rückschulung der Händigkeit ist ein mehrjähriger Prozess

Sollten Sie umgeschulter Linkshänder sein und über Ihre Rückschulung nachdenken, planen Sie dafür ausreichend Zeit ein. Haben Sie zum Beispiel zwischen der ersten und dritten Urlaubswoche einige Tage noch nicht verplant, und Sie möchten hier Ihre Rückschulung vornehmen lassen, dann rate ich Ihnen dringend davon ab. Eine erfolgreiche Rückschulung braucht Zeit, denn sie entspricht einer Großbaustelle.

Die vollständige Rückkehr zur aktiven Linkshändigkeit dauert für Kinder ein bis drei Jahre. Für die gleichen erfolgreichen Ergebnisse benötigen Jugendliche und Erwachsene drei bis fünf Jahre. Das mag Ihnen als eine sehr lange

Zeit erscheinen, bedenken Sie aber: Rückschulung hat das Ziel, sich vom umgeschulten Linkshänder zum aktiven Linkshänder zu entwickeln. Dafür brauchen unser Körper und unsere Persönlichkeit Zeit.

Die größten Fortschritte erzielen Sie im ersten Jahr

Vielleicht empfinden Sie als Erwachsener drei bis fünf Jahre als entmutigend. Die gute Nachricht ist: Innerhalb des ersten Jahres gibt es die größten Fortschritte. Nehmen Sie – in Zahlen ausgedrückt – für alle Verbesserungen durch die Rückschulung 100 Prozent an. Die größten Fortschritte von ca. 75 Prozent entfalten sich im ersten Jahr der Rückschulung. Dies gilt für Kinder wie Jugendliche und Erwachsene gleichermaßen.

Rückschulung der Händigkeit ist in jedem Alter möglich

Mein jüngster Teilnehmer kam mit vier Jahren und drei Monaten zum Rückschulungs-Kurs. Der sehr leistungsstarke Junge war ab dem Alter von drei Jahren nicht mehr bereit, Linkshänder zu bleiben. Meine Hauptarbeit bestand darin, ihn hierfür erneut zu inspirieren und motivieren. Außerdem waren Techniken wie Schneiden, Malen und Schreiben für ihn sehr wichtig. Ich selbst habe es zuerst kaum für möglich gehalten, wie gut ein Kind in diesem Alter die gesunde Schreibhaltung für Linkshänder erlernt (siehe Foto 22 im Anhang). Endlich konnte er anderen Linkshändern helfen. Seine Schulphase startete der Junge bereits mit fünfeinhalb Jahren.

Meine älteste Teilnehmerin entschied sich mit über 60 Jahren für ihre Rückschulung. Sie sagte drei Jahre später: „Das war eine der besten Entscheidungen in meinem Leben." Vielleicht fragen Sie sich jetzt: Ist eine Rückschulung in diesem Alter noch sinnvoll? Hierfür sprechen auf jeden Fall zwei Gründe. Zum einen beginnt für viele Menschen mit ungefähr 60 Jahren ein neuer Lebensabschnitt, in dem sie viel mehr Zeit für sich nutzen können. Mit einer erfolgreichen Rückschulung besteht die große Chance, die Lebensqualität deutlich zu erhöhen. Zum anderen beträgt unsere Lebenserwartung heute 80, 90 und nicht selten 100 Jahre. Wer mit 60 Jahren seine Rückschulung beginnt, profitiert von den positiven Wirkungen unter Umständen mehrere Jahrzehnte.

Was dürfen Sie von Rückschulung auf die dominante linke Körperseite erwarten?

Bereits in Frage 4 haben Sie von den typischen Problemen umgeschulter Linkshänder erfahren. Folgende sind es: Konzentrationsprobleme; Links-Rechtsunsicherheit; Blackouts und Faden verlieren; Legasthenie und Dyskalkulie; Schreibprobleme; Langsamkeit; Sprachauffälligkeiten und Schriftauffälligkeiten. Es sind die acht Lasten des umgeschulten Linkshänders. Genau diese schwächen sich deutlich ab, oftmals verschwinden sie ganz und gar.

Mit der erfolgreichen Rückschulung schwächen sich die acht Lasten des umgeschulten Linkshänders deutlich ab, oftmals verschwinden sie sogar völlig.

Während der Rückschulung erlangt der Körper wieder die volle Lebensenergie. Die Auswirkungen zeigen sich in der Gesundheit, im Wohlbefinden und im Bedürfnis, zurückgestellte Hobbys zu leben. Hier die Einschätzung einer 52-jährigen Frau, zwei Jahre nach ihrer Rückschulung: „Als umgeschulter Mensch erlebe ich mich, als ob ich durch einen Tunnel laufe und das Helle am Ende des Tunnels schon sehe – doch mich zieht immer wieder ein Bungee-Seil zurück. Die anderen laufen an mir vorbei ins Helle, ins erfolgreiche Leben. Die Rückschulung war für mich wie ein Skalpell, ich konnte damit das Seil durchtrennen. Ich kann laufen und mich wahrnehmen mit meinen Qualitäten." (siehe Foto 24 im Anhang).

Für eine erfolgreiche Rückschulung muss der persönliche Rahmen stimmen

Ich möchte mich hier auf wenige, aber wichtige Punkte beschränken. Die Rahmenbedingungen sind für jeden Menschen verschieden.

Wichtig für eine erfolgreiche Rückschulung von Kindern und Jugendlichen ist:

- Beide Eltern stehen hinter dem Vorhaben und unterstützen aktiv den Prozess der Rückschulung.
- Das Kind oder der Jugendliche muss mit der Rückschulung einverstanden sein.
- Wichtige Bezugspersonen wie zum Beispiel Oma, Opa, Tante und Onkel wirken positiv ein und motivieren das Kind. Sollten Sie eine derartige Bezugsperson und gegen Rückschulung sein, akzeptieren sie die Entscheidung der Eltern und wirken bitte auf keinen Fall gegen die Rückschulung.
- Für die Schule sind lehrerspezifische Informationen wichtig. Die Lehrer unterstützen die Rückschulung, indem sie zum Beispiel dem Schüler mehr Zeit für Klassenarbeiten einräumen, die Schrift zuerst nicht mitbewerten oder Veränderungen im Verhalten angemessen begleiten.

Was tun, wenn eine wichtige Bezugsperson gegen Rückschulung ist?

Eine Erstklässlerin soll zur Rückschulung in meine Praxis kommen. Die Eltern und ich besprechen im Vorgespräch die aktuellen Rahmenbedingungen. Zunächst scheint alles in Ordnung zu sein. Doch es gibt eine große Herausforderung. Die Familie hat einen Bauernhof, auf dem auch die Großeltern leben. Und

Oma ist gegen Rückschulung. Sie ist richtig dagegen. Was tun? Ich empfehle, Oma zum nächsten Seminar über Linkshänder mitzubringen. Oma kommt tatsächlich mit.

Als ich in der Pause neben Oma stehe, wendet sie sich an mich: „Das mit den Linkshändern muss einem auch mal ordentlich erklärt werden!" Sie trinkt einen Schluck Kaffee und spricht weiter: „Sind denn schon alle Termine mit meiner Schwiegertochter abgesprochen? Kann ich einmal hospitieren, denn die Hausaufgaben kann meine Enkelin doch bei mir machen? Als Oma möchte ich natürlich Ahnung haben."

Für eine erfolgreiche Rückschulung von Erwachsenen ist wichtig:

- Fragen Sie sich, ob Sie die Rückschulung auf Ihre dominante linke Körperseite wirklich wollen. Beantworten Sie die Frage abschließend erst, wenn Sie sich umfassend informiert haben!
- Sollten Sie in diesem Jahr gerade ein Haus bauen wollen, haben Nachwuchs geplant, in Ihrer Firma redet man von Entlassungen und Sie wollen sich darum Ihr eigenes Unternehmen aufbauen: Dann ist der Zeitpunkt für Ihre Rückschulung denkbar ungünstig.
- Ihr Partner sollte die Rückschulung unbedingt unterstützen.
- Planen Sie während der Rückschulung Zeit für sich selbst ein. Sie verspüren das Bedürfnis nach Zeit zum Entspannen, zum Nachdenken und für Gespräche. Diese Zeit ist sehr wichtig, sie wird Ihnen guttun. Besonders wenn Sie sonst nie Zeit haben, ist dies umso wichtiger.

Rückschulung muss therapeutisch begleitet werden

Herr Schnell hat für sich entdeckt: Er ist umgeschulter Linkshänder. Von den acht Lasten des umgeschulten Linkshänders hat er schon jahrelang genug. Die Vorteile, endlich aktiver Linkshänder zu sein, findet er überzeugend, ja sogar attraktiv. Herr Schnell entscheidet seinem Namen gemäß schnell: Ab heute 18 Uhr gibt es in meinem Leben zwei Änderungen. Alle möglichen Tätigkeiten wie Computermaus nutzen, Unkraut zupfen, Zähne putzen, Rasieren, mit Messern schneiden werden ab sofort mit links ausgeführt. Das ist für ihn die logische Konsequenz. Außerdem wird er morgen seinen Job kündigen, das ist schon seit einigen Jahren fällig. Er findet garantiert etwas Neues.

Gesagt, getan! Schon nach einigen Tagen macht sich Ernüchterung in Herrn Schnell breit. Die Tätigkeiten mit links gelingen insgesamt ganz ordentlich. Abends ist er komischerweise fix und fertig. Beim Rasieren mit links gab es einen schönen Schnitt. Die Computermaus in der Firma hätte er am liebsten in die Ecke geworfen. Beim Brotschneiden mit links erreicht er auf Anhieb das

Niveau eines Zehnjährigen. Seine Familie macht sich allmählich lustig, wenn er die Butter mit der linken Hand auf sein Brot streicht. So hatte er sich seinen Weg zum Linkshänder nicht vorgestellt. Hinzu kommt die Suche nach dem neuen Job.

Nach einigen Wochen kommt Herr Schnell zu mir mit der Frage: „Sagen Sie mir, ob ich wirklich Linkshänder bin, ich weiß es nicht mehr!"

Erinnern Sie sich an das Beispiel mit dem Kartoffelsack auf den Schultern des umgeschulten Linkshänders aus Frage 4? Der Kartoffelsack mit seinem zusätzlichen Gewicht symbolisiert die enorme Mehrbelastung des umgeschulten Linkshänders. Herr Schnell hat innerhalb von Stunden den ganzen Kartoffelsack von seinen Schultern geworfen. Dadurch finden sein ganzer Körper und seine Persönlichkeit völlig veränderte Bedingungen vor. Damit kommen beide in dem gewählten Tempo nicht zurecht. Durch das übereifrige Vorgehen hat Herr Schnell sich der Chance beraubt, sein Ziel zu erreichen. Verträglich und gesund kann die Gewichtsverringerung nur sein, wenn sie allmählich vonstattengeht. Das ist nach meiner Meinung die Aufgabe der Rückschulungs-Therapie. Bildlich gesprochen wird sozusagen ein Loch in den Kartoffelsack geschnitten und es purzeln Woche für Woche einige Kartoffeln hinaus. Nach etwa einem Jahr ist der Sack dann geleert.

Die Rückschulungstherapie gibt Sicherheit.

Bei einer Therapie werden die Tätigkeiten mit der linken Körperseite in einer festgelegten Reihenfolge erlernt. Ganz wichtig für den Erfolg der Rückschulung ist es, auf bestehende und neue Probleme einzugehen. Zum Beispiel arbeitete eine 35-jährige Frau zuerst ihre Rechenschwäche auf und konnte danach ihren Traumberuf im Pflegemanagement erlernen.

Ein Mann traute sich nie, dem Chef seine persönliche Meinung zu sagen. In der Therapie besprachen wir das Vorgehen. Wie reagierte der Chef? Er sagte: „Endlich fangen Sie an mitzudenken" und beförderte ihn in einen verantwortungsvollen Wirkungsbereich.

Eine Rückschulung auf die dominante linke Körperseite entspricht einem Eingriff ins Gehirn der betreffenden Person und muss deshalb fachkompetent begleitet werden.

Sehr warnen möchte ich vor Rückschulungen ohne therapeutische Begleitung, wie diese Begebenheit zeigt: Zwei Geschwister im Grundschulalter nehmen an einem Rückschulungskurs mit mir teil. Am Ende einer Therapiestunde möchte die Mutter mir noch etwas Wichtiges erzählen. Sie beginnt so: „Herr Steinkopf, ich weiß, Sie werden gleich mit mir schimpfen. Ich muss Ihnen trotzdem erzählen, was mir passiert ist. Seitdem meine beiden Kinder die linke Körperseite erlernen, habe auch ich einfach alles mit links gemacht. Schon früher konnte ich links und rechts nicht auseinanderhalten. Das wurde in den letzten Wochen noch schlimmer. Am vergangenen Wochenende habe ich mal wieder eine Tour mit meinem Motorrad unternommen. Alles ist wunderschön, bis ich an eine Kreuzung heranfahre. Ich verwechsle die beiden Griffe für Kupplung und Vorderradbremse und stürze. Ich hatte großes Glück, es war kein anderes Fahrzeug in der Nähe."

Die junge Mutter hätte bei ihrer Seitenunsicherheit nie Motorrad fahren dürfen. Als Therapeut hätte ich ihr ein Motorradfahrverbot erteilt. Die Probleme umgeschulter Linkshänder, wie die Links-Rechts-Unsicherheit, verstärken sich manchmal in der ersten Phase ihrer Rückschulung. Woher aber sollte sie das wissen?

Gehen Sie deshalb bitte kein unkontrollierbares Risiko ein, für sich und für andere.

Meine Erfahrungen zur Rückschulung beweisen:

1. Eine Rückschulung ist in jedem Alter möglich!
2. Eine Rückschulung ist dann erfolgreich, wenn nach einer klar definierten und erprobten Methode vorgegangen wird.
3. Die Rückschulung gelingt, wenn wichtige Bezugspersonen diese unterstützen und natürlich der Betroffene selbst es will.
4. Die Rückschulung kann beginnen, wenn die psychischen und physischen Lebensumstände der betreffenden Person dafür geeignet erscheinen.

Zitate verschiedener Erwachsener, die an einer Rückschulungs-Therapie teilnahmen

„Eis und Suppe essen mit links gelingt mir sofort ohne Kleckern."
„Auf Anspielung der Kollegin nicht wie früher explodiert, sondern nur gelächelt."
„Ich definiere nicht mehr alles zum Erfolg, was sich zum Erfolg definieren lässt."
„Habe der Freundin den Kopf gewaschen, früher fehlten mir dafür die Worte."
„Ich habe frühere Hemmungen beim Kennenlernen abgelegt."
„Ich kann Lob annehmen."
„Die Schlangenphobie ist plötzlich weg."
„Ich genieße meine Leistungen."
„Ich spreche Probleme und Misserfolge jetzt an."
„Ich brauche jetzt nicht mehr den ganzen Urwald mit Lichterketten auszustatten."

„Mit den Energien, die ich früher als umgeschulter Linkshänder eingesetzt habe, hätte ich drei Häuser bauen können."

Wissen auf den Punkt gebracht

- „Rückschulung auf die dominante linke Körperseite" ist die Möglichkeit, sich vom umgeschulten Linkshänder zum aktiven Linkshänder zu entwickeln.
- Für eine erfolgreiche Rückschulung auf die dominante linke Körperseite planen sie bei Kindern ein bis drei Jahre ein. Jugendliche und Erwachsene benötigen hierfür drei bis fünf Jahre.
- Rückschulung ist in jedem Lebensalter möglich.
- Diese Ergebnisse dürfen Sie von einer Rückschulung auf die dominante linke Körperseite erwarten:
  1. Die acht Lasten des umgeschulten Linkshänders schwächen sich deutlich ab oder verschwinden völlig.
  2. Dem Körper steht nach und nach seine volle Lebensenergie zur Verfügung.
- Eine Rückschulung auf die dominante links Körperseite ist nur zu empfehlen, wenn die aktuellen Lebensbedingungen der betroffenen Person eine Rückschulung zulassen. Anders gesagt: „Der persönliche Rahmen muss stimmen."
- Eine Rückschulung entspricht einem Eingriff ins Gehirn der betreffenden Person und muss fachkompetent begleitet werden.

<small>BILD NR 17</small> Die starke Hand dreht

Kann man Linkshändigkeit testen?

Marko geht in die siebte Klasse der Hauptschule. Der große, freundliche und sympathische Junge ringt mit riesigen Leseproblemen, sein Selbstbewusstsein ist gering. Ganz besonders belasten Marko die Sticheleien eines Mitschülers. Obwohl er einen Kopf kleiner ist als Marko, macht er ihn immer wieder zum Gespött der Klasse. Marko ist im Denken sehr langsam, deshalb fallen ihm zu den Sticheleien nie die passenden Antworten ein.

Marko soll aufgrund seiner Lernprobleme zur Sonderschule wechseln. Seine Mutter wehrt sich dagegen, denn Sie kennt ihren Sohn am besten. Oft hat Marko ein Blackout und vermag in Klassenarbeiten sein Wissen nicht abzurufen. Jeden Tag hört sie von Marko: „Ich bin sowieso zu blöd." Seine Mutter weiß jedoch genau, dass ihr Junge an der Hauptschule richtig ist. Er schafft die Schule!

Im Beratungsgespräch zu Markos Legasthenie ist für seine Lese- und Rechtschreib-Probleme keine Ursache zu entdecken. Eine Frage bleibt vorerst unbeantwortet: Ist Marko wirklich Rechtshänder? Bis zum Schuleintritt hat der Junge stets im Handgebrauch gewechselt. Heute schreibt er mit rechts, aber die Schrift ist katastrophal. Marko wird getestet, ob er Linkshänder ist. Der Test bestätigt die Vermutung: Linkshänder! Im Auswertungsgespräch, an dem auch seine Eltern teilnehmen, ist Marko sehr aufmerksam. Der sonst eher ruhige Schüler stellt sogar Fragen. Marko erfährt, er ist umgeschulter Linkshänder. Genau darum hat er Blackouts, Legasthenie, eine schlechte Schrift und ist im Denken so langsam. Seine Probleme haben nichts mit seiner Intelligenz zu tun! Er kann seine Klugheit durch die entstandenen Probleme nur nicht im Unterricht zeigen.

Drei Tage später erzählt die Mutter: „Seit dem Gespräch hat Marko nicht ein einziges Mal gesagt: Ich bin sowieso zu blöd. Außerdem hat er dem einen Kopf kleineren Schüler einen Schlag mit der Faust auf die Nase verpasst und danach gesagt: Du lässt mich in Ruhe, klar?"

Linkshänder oder Rechtshänder?

Der Anlass, warum wir die Frage nach der starken Körperseite stellen, kann sehr unterschiedlich sein. Bei Marko sind es die Schulprobleme. Die Ursachenforschung zu seiner Legasthenie weckt den Verdacht auf eine versteckte Linkshändigkeit. Für andere Kinder ist die bevorstehende Einschulung der Auslöser, die Frage zu klären, mit welcher Hand sie das Schreiben lernen sollen.

Auch Erwachsene wollen nicht selten eine Antwort auf diese Frage: Was bin ich, Linkshänder oder Rechtshänder? Auf sehr unterschiedlichen Wegen kommen sie einer möglichen Linkshändigkeit auf die Spur. Einige haben es schon immer geahnt oder gewusst und möchten für sich eine klare, abschließende Antwort. Andere haben sich auf den Weg gemacht, Antworten für häufig unerklärliche Probleme zu finden. Für wiederum andere entsteht mehr zufällig die Frage nach ihrer Händigkeit; sie fällt ihnen gewissermaßen zu, zum Beispiel durch einen Fernsehbeitrag, einen Zeitungsartikel, einen Vortrag oder während eines Gespräches.

Testung schafft Klarheit und stellt die Weichen

Für jeden Menschen ist es entscheidend, die starke Körperseite zu leben. Wenn dies nicht geschieht, läuft er Gefahr, seine schwache Körperseite zu überfordern und die starke zu unterfordern. Beides hat eine direkte Auswirkung auf die Gesundheit, das körperliche und seelische Wohlbefinden sowie den beruflichen Erfolg, also auf die gesamte Lebensqualität. Das endgültige Wissen, Linkshänder oder Rechtshänder zu sein, sorgt für Klarheit. Die Vergangenheit erscheint uns unter einem anderen Blickwinkel, manches wird im Nachhinein verständlicher. Außerdem stellt die Entscheidung der Händigkeit folgenreich die Weichen für das zukünftige Leben der betroffenen Person.

Testung der Händigkeit ist in jedem Alter möglich

Können Sie sich vorstellen, dass ein Kind mit viereinhalb Jahren getestet werden muss? Manchmal ist eine Überprüfung in diesem sehr frühen Alter wichtig. Die Eltern eines Jungen haben in den ersten drei Lebensjahren die Linkshändigkeit ihres Sohnes erkannt. Er ist sehr leistungsstark und soll mit fünfeinhalb Jahren eingeschult werden. Seitdem er den Kindergarten besucht, benutzt er immer öfter die rechte Hand. Die Eltern wissen sich keinen Rat mehr. Sie schaffen es nicht, ihren Sohn zum Gebrauch seiner starken linken Körperseite zu motivieren. Er will unbedingt Rechtshänder sein. Bis zur Einschulung bleibt ihnen nur noch ein Jahr Zeit. Für diesen Jungen ist das Erlebnis der Testung und besonders die Auswertung sehr wichtig. Die Aussage des „Direktors der Linkshänder-Schule" zählt deutlich mehr als die der Eltern. Schließlich lässt sich der Junge mit Freude darauf ein, Linkshänder zu sein. So übt er täglich freiwillig Malen, Schneiden, Schreiben, Werfen und fragt seine Mutter über berühmte Linkshänder „Löcher in den Bauch".

In der Zeit bis zur Einschulung lassen sich typische Linkshänder-Zeiger fast immer beobachten. So stehen Tätigkeiten mit Hand und Fuß im Vordergrund. Diese allein reichen nicht aus, eine verlässliche Aussage zu treffen. Zur Testung von Kindern, Jugendlichen und Erwachsenen gibt es weitere Schwerpunkte, die hinzugezogen werden.

Hier eine Auswahl wichtiger Bereiche:

- Welche linkshändertypischen Zeiger sind in der gesamten Entwicklung aufgefallen?
- Gibt es in der Genetik der Familie Linkshänder oder umgeschulte Linkshänder bei den Eltern, Geschwistern, Großeltern, Tante, Onkel, Cousin und Cousine?
- Liegen Zeiger vor, die auf eine Umschulung der Händigkeit hindeuten?
- Wie verlief die gesundheitliche Entwicklung insgesamt?
- Sind für die betroffene Person mehr die Persönlichkeitseigenschaften des Linkshänders oder des Rechtshänders typisch?

Um herauszufinden, ob ein Mensch Linkshänder oder Rechtshänder ist, werden viele kleine Informationen wie Mosaiksteine zusammengetragen. Sie ergeben das gesamte Bild. Als Ergebnis der Testung von Seitigkeit sind drei Aussagen möglich:

„Linkshänder" oder „Rechtshänder" oder „Die Seitigkeit lässt sich nicht ermitteln"

Haben Sie als drittes Testergebnis „Beidhänder" erwartet? Beidhänder gibt es nicht. Beidhändig agierende Menschen sind oft umgeschulte Linkshänder.

Bisweilen kommt es vor, dass die Händigkeit nicht zu ermitteln ist. Ein zehnjähriges Mädchen ist nicht zu testen, weil sie mit acht Jahren in eine Pflegefamilie kommt und es keinerlei Informationen aus ihren ersten acht Lebensjahren gibt. Ein sechsjähriger Junge zum Beispiel weigert sich, während der Testung mitzuarbeiten. Schon vorher verrät er seiner Mutter, er will kein Linkshänder sein. Sechs Monate später arbeitet er fleißig mit. Das Ergebnis heißt Linkshänder.

Auch mit über 60 oder 70 Jahren ist Händigkeit sicher zu bestimmen. Die Testung verläuft ganz und gar anders als bei einem fünfjährigen Kind. Auf keinen Fall muss der Betroffene Rollerfahren oder auf einem Bein durch den Raum hüpfen. Es wird genügend Zeiger geben, die ein gesichertes Ergebnis zulassen. Erwachsene erleben bei einer Testung nicht selten Aha-Erlebnisse.

Bis zum heutigen Tag gibt es noch kein standardisiertes Testverfahren, mit dem die Links- oder Rechtshändigkeit eines Menschen gesichert ermittelt werden kann. Ausbildung, Kompetenz und die menschliche Qualität der Therapeuten spielen deshalb eine absolut wichtige Rolle. Entsprechende Spezialisten können eine verlässliche Antwort geben. Eventuell ist es für Sie nicht einfach, einen geeigneten Therapeuten zur Testung der Händigkeit zu finden.

- Besuchen Sie einen Vortrag oder ein Seminar des Therapeuten.
- Welche Veröffentlichungen hat er/sie herausgebracht?
- Lassen Sie sich Referenzen zeigen.
- Informieren Sie sich im Internet.
- Welche Erfahrungen haben vertrauenswürdige Personen gesammelt?
- Lassen Sie sich die Vorgehensweise erläutern.
- Hören Sie auf Ihre innere Stimme, vertrauen Sie Ihrem guten Gefühl.

Eine Mutter wendet sich an unsere Praxis. Sie ist mit dem Testergebnis unzufrieden. Eine Therapeutin hatte Ihr das Testergebnis zur Seitigkeit ihres 5-jährigen Sohnes so mitgeteilt: „Ihr Sohn ist doch ein wenig mehr rechts. Ich lege ihn deshalb auf rechts fest." Die Testung beinhaltete nur Aktivitäten der Hände. In diesem Fall war das Testergebnis falsch. Ein Test der Händigkeit muss immer ganzheitlich ausgerichtet sein. Die Mutter hörte auf ihr ungutes Gefühl.

Die Testung der Händigkeit ist meistens der erste Schritt

Die Sechstklässlerin Birgit wird getestet. Einen Tag später kommt sie mit ihrer kleineren Schwester und ihren Eltern zum Auswertungsgespräch. Die Eltern kennen das Testergebnis: Linkshänder. Birgit kennt es bis jetzt nicht. Besonders die Mutter hat große Befürchtungen und meint, dass ihre manchmal sehr eigenwillige Tochter sich verweigern wird. Immerhin ist eine Rückschulung auf die dominante linke Körperseite geplant. Birgit vernimmt das Testergebnis: „Du bist Linkshänder! Was sagst du dazu?" Sie schmollt über das ganze Gesicht, reißt die Arme hoch und ruft: „Juhu!"

Ein Erstklässler erfährt nach der Testung, er ist Linkshänder. Begeistert ist er vorerst nicht. Die Eltern kümmern sich um alles weitere. So erhält der Junge Gebrauchsgegenstände für Linkshänder, erfährt von berühmten Linkshändern und erlernt die gesunde Schreibhaltung für Linkshänder. Die Eltern selbst erwerben Kenntnisse zum Thema. Der Wandel in seiner Einstellung tritt innerhalb einiger Wochen ein. Nach und nach ist der Junge richtig stolz, Linkshänder zu sein. Die Mutter formuliert es so: „Er ist jetzt der Linkshänder vor dem Herrn."

Wissen auf den Punkt gebracht

- Mittels der Testung wird die Frage Linkshänder oder Rechtshänder abschließend beantwortet. Mit der Entscheidung werden Weichen maßgeblich für das zukünftige Leben der betroffenen Person gestellt. Testung der Händigkeit ist eine Lebensentscheidung.

- Ob ein Mensch Linkshänder oder Rechtshänder ist, kann in jedem Lebensalter herausgefunden werden. Die Altersspanne der getesteten Personen reicht von vier Jahren bis über 60 Jahre.

- Meine Empfehlung ist: Wenden Sie sich zur Testung der Seitigkeit an einen Spezialisten. Sie können eine verlässliche Aussage treffen, ob ein Mensch Linkshänder oder Rechtshänder ist. Auch kennen sie die Grenzen der Testung. Für eine gesicherte Aussage ist es unerlässlich, Informationen aus verschiedenen Lebensbereichen heranzuziehen.

- Menschen reagieren sehr unterschiedlich auf das Testergebnis. Fast immer beginnt ein neuer Lebensabschnitt. Fragen Sie sich, was ist nun zu tun? Durchdenken und organisieren Sie die nächsten Schritte.

BILD NR 18 Die ersten Buchstaben werden gespiegelt
und die Hühner laufen nach links

Ist Umschulung der Händigkeit eine Ursache für Legasthenie und Dyskalkulie?

Die Eltern von Constantin und ich haben eine harte Nuss zu knacken. Der Junge soll nach den Sommerferien die zweite Klasse besuchen. Die Voraussetzungen hierfür sind in zwei Bereichen denkbar ungünstig. Zum einen kann Constantin nicht lesen; selbst einfache Texte bringen ihn mittlerweile zu Wutausbrüchen. Des Weiteren ist Schreiben erst recht ein Graus für ihn. Die Eltern legen mir ein Heft vor. Seine gedruckten Buchstaben führen auf der Heftseite einen regelrechten Tanz auf. Einige sind hochgesprungen, andere sind von hinten zu sehen und wiederum andere kippen einfach um. Eines haben alle Buchstaben gemeinsam: sie sind so kräftig geschrieben, dass drei Seiten darunter jeder einzelne gut zu erkennen ist.

Mit dem Lesen und Schreiben hat Constantin äußerlich seinen Frieden gefunden, denn er liest nicht mehr. Einen passenden Beruf für sich hat er auch schon entdeckt. Constantin wird bei der Müllabfuhr anfangen und hinten auf dem LKW stehen, der die Mülltonnen leert. Zwei Begebenheiten der vergangenen Woche bringen das Fass zum Überlaufen. Constantin wirft in seiner Wut die Federtasche mit voller Wucht gegen die Zimmertür, so dass sie eine Delle davonträgt und Farbe abplatzt. Die Eltern kennen ihren Sohn nicht wieder. Am Sonnabendvormittag steht er plötzlich mit seinem gepackten Kinderkoffer in der Küche und verkündet ganz ernst: „Ich ziehe aus zu Tante Sophie. Die Schultasche braucht ihr mir nicht hinterherzubringen."

Ursachen all dieser Probleme sind auf den ersten Blick nicht zu entdecken. Keine Schwierigkeiten mit dem Sehen, das Hören ist super, seine gesamte Entwicklung ist bisher hervorragend gewesen. Constantins Wortschatz und seine Aussprache beeindrucken nicht nur die Eltern. Das schulische Umfeld seiner Klasse ist sehr gut. Constantin hat eine nette, erfahrene Lehrerin. Das Verhältnis der Kinder untereinander ist kameradschaftlich. Die Lernbedingungen der Kinder sind insgesamt gesehen sehr gut. Die Eltern sind erst mal ratlos, zumal bis zum Schuleintritt alles bestens war. Kein Mensch hat mit Problemen gerechnet – und mit diesen heftigen schon gar nicht.

Aus dem Gespräch über Constantins Entwicklung ergeben sich für mich einige Ungereimtheiten. Seit dem Kindergartenalter vermeidet Constantin das Malen. Er hat bis heute feinmotorische Schwächen, obwohl er ein sehr guter Sportler ist. Dazu passt auch seine schwache Schrift. Lesen von links nach rechts fällt ihm äußerst schwer. So liest er das Wort „Mona" umgedreht als „Anom". Zudem spiegelt Constantin oft Buchstaben und Zahlen. Im Alter von vier Jahren war nicht klar, ob er Linkshänder oder Rechtshänder ist. Constantin hat sich bis zum Schuleintritt für rechts „entschieden".

Am Ende unseres Gesprächs empfehle ich den Eltern drei Maßnahmen:

Erstens soll Constantin die erste Klasse nicht wiederholen und gleich die zweite Klasse besuchen. Ausschlaggebend dafür ist seine Leistungsstärke in allen anderen Fächern.

Zweitens sollte er schnellstens das Lesen in einer Lerntherapie erlernen. Denn Lesen ist für alle Fächer elementar. Die Rechtschreibung vernachlässigen wir vorerst.

Drittens sollen die Eltern sich mit Linkshändigkeit beschäftigen. Welche Zeiger haben sich in Constantins Entwicklung gezeigt, die auf eine versteckte Linkshändigkeit hinweisen? Dazu sichten sie zum Beispiel Fotoalben und Videoaufnahmen. Sollte sich der Verdacht bestätigen, beraten wir gemeinsam über eine Testung und Rückschulung auf die dominante linke Körperseite.

Linkshänder zeigen Besonderheiten, die nichts mit Legasthenie und Dyskalkulie zu tun haben

Constantin zeigt einige Besonderheiten, die für Linkshänder typisch sind. Die nachfolgende Begebenheit beschreibt dies näher.

Eine linkshändige Schülerin der ersten Klasse verblüfft ihre Lehrerin schon in den ersten Schulwochen. Sie schreibt Buchstaben in Spiegelschrift und Zahlen wie z.B. die „3" von unten nach oben. Die Silbe „Ma" liest sie von hinten und macht daraus „Am".

Die Lehrerin ruft deshalb besorgt die Mutter an: „Ich vermute, bei Ihrer Tochter ist eine schwere Legasthenie im Anzug!" Die Schlussfolgerung der Lehrerin ist nicht richtig. Die Erstklässlerin lernt wie die meisten Linkshänder. Wichtig ist zu wissen, dass Linkshänder die Blick- und Arbeitsrichtung von links nach rechts länger trainieren müssen. Die meisten beherrschen beides bis Ende Klasse Eins. Sollten diese Blick- und Arbeitsrichtung bis spätestens Mitte Klasse Zwei nicht „sitzen", liegen wahrscheinlich andere Probleme vor.

> **Die Lese- und Schreibrichtung von rechts nach links sowie das Spiegeln von Buchstaben und Zahlen haben nichts mit Legasthenie oder Dyskalkulie zu tun, sie sind typisch für Linkshänder.**

Bereits in Frage 9 konnten Sie sich ausführlicher über die andere Art des Lernens für Linkshänder informieren.

Um erfolgreich lesen, schreiben und rechnen zu lernen, haben umgeschulte Linkshänder riesige Herausforderungen zu lösen

Constantin zeigt die linkshändertypischen Besonderheiten im Lernen. Zusätzlich hat er mit den Problemen des umgeschulten Linkshänders zu kämpfen. Und die haben es richtig in sich, besonders für jemanden, der die Kulturtechniken Nr. 1 erlernen möchte: das Lesen, Schreiben und Rechnen. Hauptsächlich das Schreiben ist Hochleistungssport für die Hand und die steuernde Gehirnhälfte.

Folgende Probleme machen es dem umgeschulten Linkshänder meistens richtig schwer:

Konzentrationsprobleme

In diesen Situationen treten sie bevorzugt auf: schriftliche Hausaufgaben, ab der dritten Unterrichtsstunde, in Diktaten, in Klassenarbeiten und bei fehlender besonderer Motivation.

Schlechte Handschrift

Die Erscheinungsformen reichen von nach links geneigter Schrift, über heute gut und morgen anders, bis zum „Das kann nicht mal ein Schriftexperte entziffern". In einer Mathematikarbeit entsteht so manch ein Fehler durch unleserlich geschriebene Zahlen.

Blackouts

Umgeschulte Linkshänder können im Diktat oder Aufsatz oft die Regeln der Rechtschreibung nicht abrufen, obwohl sie die Regeln am Tag zuvor beherrscht haben. Das kleine Einmaleins wird beherrscht. Mama sagt: „Jetzt ist der Knoten endlich geplatzt." In der Arbeit kommt die kleinste Aufregung, da ist das Gelernte wieder verschwunden.

Faden verlieren

So manch kleine Aufgabe wie 68 + 5 wird nicht bis zum Ergebnis gerechnet, weil der umgeschulte Linkshänder sich die Zwischenergebnisse nicht merken kann. Zuerst rechnet er 68 + 2 = 70, dann hat er die andere Zahl vergessen und startet noch mal von vorne.

Links-Rechts-Unsicherheit

Sie bewirkt unter anderem Buchstabenunsicherheiten. Der Bauch bei „b" und „d"; zu welchem Buchstaben gehört welcher Bauch?

Schreiben

Arm-, Hand- und Fingerschmerzen gehören häufig zum Schreiben dazu. Mit der zehnten Klasse ist so manch ein Finger gekrümmt. Hinzu kommen Schwielen an den Fingern.

Langsamkeit

Wer beim Lesen nur langsam tastend vorankommt, den einen oder anderen Buchstaben nicht sicher zuordnen kann, dem wird das Sinnverständnis kaum gelingen. Fragen und Aufgabenstellungen werden so gar nicht erst verstanden.

Erschwerend kommt hinzu: Die Summe der vorstehend beschriebenen Probleme macht den Betroffenen besonders zu schaffen. Führen Sie sich bitte gerne einmal vor Augen, was es bedeutet, wenn ein umgeschulter Linkshänder mit all diesen Herausforderungen zu kämpfen hat. Genau sie sind es, die den umgeschulten Linkshänder mit Legasthenie oder auch mit Rechenschwäche zur Verzweiflung treiben. Auf der anderen Seite schaffen selbst umgeschulte Linkshänder es immer wieder, solche „dramatischen" Aufgaben zu meistern.

Umschulung der Händigkeit erzeugt Legasthenie und Dyskalkulie

Die wichtigsten Ursachen für Legasthenie und Dyskalkulie

An dieser Stelle möchte ich mich auf die Ursachen beschränken, die sich in der Praxis am häufigsten zeigen. Ich unterscheide zwei Gruppen von Ursachen:

1. Die inneren Faktoren

Sie umfassen im Wesentlichen die gesundheitlichen Voraussetzungen.

Dazu gehören Sehprobleme. Das Gesehene kann nicht richtig aufgenommen, weitergeleitet und differenziert werden.

Eine weitere Ursache sind Schwierigkeiten in der Hörwahrnehmung, bekannt ist auch der Begriff akustische Differenzierungsschwäche. Es fällt den Betroffenen zum Beispiel schwer, die Laute „g" und „k", „d" und „t", „m" und „n" oder „o" und „u" zu unterscheiden.

Eine weitere Ursache sind Auffälligkeiten in der Sprachwahrnehmung. Kinder mit Auffälligkeiten in diesem Bereich können häufig die Wörter nicht in Silben durchgliedern. Das Wort „Bleistiftanspitzer" ist leichter zu schreiben, wird es in Silben zerlegt: „Blei-stift-an-spit-zer". „Schellfischflosse" wird zerlegt in: „Schell-fisch-flos-se". Oft werden Endungen regelrecht verschluckt. Für „können" sagen sie „könn" oder für „Schilder" wird „Schilda" gesagt.

Eine Ursache sind Probleme in der Feinmotorik, die sich im schwachen Schriftbild äußern. Gute „Rechtschreiber" prägen sich die Wortbilder ein, und zwar die Wortbilder der gelesenen und geschriebenen Wörter. Wer eine schwache Handschrift aufweist, wird sich die Wortbilder der geschriebenen Wörter kaum einprägen.

Auf Umschulung der Händigkeit als eine Ursache für Legasthenie und Dyskalkulie bin ich in diesem Kapitel ausführlich eingegangen.

Eine besondere Ursache für Dyskalkulie ist in der Motorik zu finden. Kindern, die nicht rückwärtsgehen können, fällt es oft auch schwer, rückwärts zu zählen.

2. Die äußeren Faktoren

Sie bilden die Rahmenbedingungen für den Lernprozess. Meistens sind sie maßgeblich daran beteiligt, wenn ein Kind das Lesen, Schreiben oder Rechnen nicht richtig erlernen kann. Die folgenden Rahmenbedingungen werden oftmals völlig unterschätzt:

- Zu Hause nimmt sich keiner Zeit für das Kind.
- Emotionale Probleme wie zum Beispiel die Scheidung der Eltern
- Gestörtes Lehrer-Schüler-Verhältnis
- Gestörtes Schüler-Schüler-Verhältnis
- Häufige Lehrerwechsel, besonders in der Grundschulzeit; So sind fünf verschiedene Deutschlehrer in vier Grundschuljahren einfach zu viel für einen Schüler.
- Ungeeignete Arbeitsmethoden: So fördert die Methode „Lesen durch Schreiben" regelrecht die Entstehung von Legasthenie. Jeder Schüler kann dabei die Rechtschreibung der Wörter in den ersten beiden Grundschuljahren frei gestalten. Vielen Eltern ist sie unter dem Namen „freies Schreiben" oder auch als „Rechtschreibwerkstatt" bekannt.

Fazit: Äußere Faktoren können das Entstehen von Legasthenie und Dyskalkulie beschleunigen.

Meine jahrelange intensive Tätigkeit in den Bereichen Legasthenie und Dyskalkulie einerseits und Linkshändigkeit andererseits haben mich zu folgender Erkenntnis kommen lassen:

Eine Hauptursache für Legasthenie und Dyskalkulie ist Umschulung der Händigkeit.

Die Schwere einer Legasthenie kann sehr unterschiedlich sein. Ich unterscheide dabei zwischen Erkältungs-Legasthenie und Heuschnupfen-Legasthenie.

Die Erkältungs-Legasthenie

Bei der Erkältungs-Legasthenie zeigt ein Kind zum Beispiel Schwierigkeiten beim Lesen. So kann es durch Sehprobleme nicht erkennen, ob das kleine „u" oben geschlossen ist oder nicht. Damit kann es die Buchstaben „u", „o" und „a" nicht differenzieren. Eine solche Sehschwäche kann heute mit einer Brille sehr erfolgreich korrigiert werden. Nun kann das Kind diese Buchstaben erkennen. Nach einer relativ kurzen Legasthenie-Therapie hat das Kind die legasthenischen Probleme vollständig überwunden. Genauso wie eine Erkältung ist diese Legasthenie vorübergegangen und damit kein Problem mehr. Wichtig dabei ist, die Ursache wurde behoben und die Schwierigkeiten sehr frühzeitig aufgearbeitet.

Die Heuschnupfen-Legasthenie

Schwieriger ist es mit der Heuschnupfen-Legasthenie. So ist nicht eine Ursache für die Probleme verantwortlich, sondern gleich mehrere. Hier können zum Beispiel Hör- und Sehprobleme sowie eine umgeschulte Linkshändigkeit zusammenkommen. Außerdem kann die Schulklasse durch verhaltensauffällige Mitschüler oft dem Unterricht nicht folgen. Mit einer gezielten Legasthenie-Therapie sind die Schwierigkeiten weitgehend zu beheben, in besonderen Situationen treten sie jedoch erneut auf. Eben genauso wie ein Heuschnupfen. Diesem Heuschnupfen ist nur beizukommen, wenn die Ursachen beseitigt werden. Die Praxis bestätigt es mir immer wieder:

Bei schweren Fällen von Legasthenie gehört umgeschulte Linkshändigkeit fast immer zu den Ursachen.

Zu einer erfolgreichen Therapie von Legasthenie und Dyskalkulie gehört ebenfalls die gründliche Ursachenermittlung. Die Bereiche Hören, Sehen und Sprachwahrnehmung werden dabei fast immer mit einbezogen. Wird eine mögliche Umschulung der Händigkeit in Betracht gezogen? Als Eltern sollten Sie unbedingt in diese Richtung denken und nach entsprechenden Hinweisen forschen.

Mit der geeigneten Methode ist heute jede Legasthenie und Dyskalkulie zu meistern. Weiterführende Informationen finden Sie unter www.Legasthenie-Praxis-Steinkopf.de im Internet. Sollte umgeschulte Händigkeit zu den Ursachen gehören, kann es unter Umständen erforderlich sein, eine Rückschulung in Betracht zu ziehen. Erst danach ist die Legasthenie oder Dyskalkulie endgültig zu überwinden.

Wissen auf den Punkt gebracht

- Linkshänder zeigen meistens typische Anfangsschwierigkeiten beim Erlernen des Lesens, Schreibens und Rechnens. Es fällt ihnen schwer, von links nach rechts zu lesen und zu schreiben. Genauso benötigen sie Zeit, das Spiegeln der Buchstaben und Zahlen zu überwinden. Aktive Linkshänder schaffen das bis zum Ende der ersten Klasse.

- Umgeschulte Linkshänder überwinden die typischen Anfangsschwierigkeiten der Linkshänder nicht so einfach, denn weitere Herausforderungen belasten sie, wie zum Beispiel schwache Schrift, Konzentrationsprobleme, Seitenunsicherheit und feinmotorische Probleme.

- In der Praxis zeigen sich bei der Lese-Rechtschreibschwäche und der Rechenschwäche verschiedene Ursachen. Eine der Hauptursachen für Legasthenie und Dyskalkulie ist Umschulung der Händigkeit.

- In sehr schweren Fällen von Legasthenie und Dyskalkulie gehört umgeschulte Händigkeit fast immer zu den Ursachen.

- Zur erfolgreichen Therapie von Legasthenie und Dyskalkulie ist Ursachenforschung bedeutsam. Seh- und Hörprobleme als mögliche Ursachen werden fast immer entdeckt. Hinterfragen Sie auch, ob eine umgeschulte Linkshändigkeit vorliegt.

- Jede Legasthenie und Dyskalkulie kann mit der geeigneten Therapiemethode „besiegt" werden. Umgeschulten Linkshändern gelingt das manchmal erst mit einer Rückschulung auf die dominante linke Körperseite und einer sich anschließenden Therapie der Legasthenie oder Dyskalkulie.

BILD NR 19 Eineiige Zwillinge Teil 1: Erkennen Sie den Linkshänder?

Welche Händigkeit haben Zwillinge?

Bei einem Vortrag in einer Grundschule spreche ich über die Händigkeit bei Zwillingen. Schon nach drei Sätzen schüttelt ein Zuhörer langsam seinen Kopf hin und her, so als ob er nein sagen wolle. Ich erzähle noch einige Minuten weiter über Gemeinsamkeiten und Unterschiede. Sein Kopfschütteln verstärkt sich. Ich beende meine Ausführungen über Zwillinge und spreche ihn direkt an: „Was sagen Sie dazu?" Er antwortet: „Es ist ja unglaublich, das stimmt alles. Ich habe nämlich eineiige Zwillinge."

Äußerlich sind eineiige Zwillinge gleich. Sonst auch?

Zwillinge stehen immer besonders in unserem Interesse. Vor allen Dingen die vollkommen gleich aussehenden, eineiigen Zwillinge. Oft haben sie auch noch die gleiche Kleidung an und sind kaum zu unterscheiden. Schnell kommen wir zu dem Schluss, dass eineiige Zwillinge nicht nur äußerlich gleich sind, sondern auch den gleichen Charakter, die gleichen Neigungen und Interessen haben. Dem ist aber nicht so.

Bei eineiigen Zwillingen gibt es Unterschiede.Von Eltern aber hören wir immer wieder Äußerungen wie: „Beide sehen gleich aus, im Wesen sind sie allerdings sehr unterschiedlich". Eine Mutter beschrieb das Wesen ihrer eineiigen Zwillinge so: „Meine beiden Jungs sind äußerlich kaum zu unterscheiden, aber ihr Wesen ist wie Tag und Nacht." Eine dreißigjährige Frau erinnerte sich an die Worte ihrer Mutter, die sie und ihre eineiige Zwillingsschwester als Kinder oft gehört haben: „Gottverschiedener könntet ihr nicht sein".

Wie verhält es sich nun mit der Händigkeit bei Zwillingen?

Eineiige Zwillinge

Bei eineiigen Zwillingen ist immer ein Rechtshänder und ein Linkshänder zu erwarten. Hierfür ursächlich ist:

Ein Zwilling hat eine dominante linke Hirnhälfte. Er ist der „Rechtshänder". Die dominante linke Gehirnhälfte des Rechtshänders stärkt die Fähigkeiten in den Bereichen Logik, Ordnung, Zahlen, Zeit und im analytischen Denken. Das spiegelt sich auch in seinem Wesen wieder.

Der andere Zwilling greift auf eine dominante rechte Hirnhälfte zurück. In der Folge ist er der „Linkshänder". Der dominanten rechten Gehirnhälfte des Linkshänders werden Eigenschaften wie Phantasie, Kreativität, Sozialkompetenz, Musikalität, Liebe zur Farbe und Stärken im ganzheitlichen Denken zugeordnet. Auch diese Eigenschaften spiegeln sich im Wesen des Linkshänders wieder. Die unterschiedlichen Eigenschaften ihrer Gehirnhälften sind als Ursache für ihre verschiedenen Charaktere anzusehen.

Zweieiige Zwillinge

Bei zweieiigen Zwillingen belegen unsere Erfahrungen ebenfalls, dass ein Zwilling eine dominante rechte Hirnhälfte aufweist, also in der Folge linksseitig ist und ein Zwilling eine dominante linke Hirnhälfte hat, also in der Folge rechtsseitig ist. Die Literatur schreibt zu den zweieiigen Zwillingen: 80 Prozent der Pärchen haben einen Linkshänder und einen Rechtshänder.

Wenn beide Zwillinge Rechtshänder sind

Es gibt auch Zwillingspaare, bei denen beide Zwillinge Rechtshänder sind. Oft berichten Eltern von diesen Zwillingen, unabhängig ob eineiig oder zweieiig, dass sich ein Kind prächtig entwickelt und das andere Kind Probleme hat. Nicht selten stellt sich beim weniger erfolgreichen eine Umschulung der Händigkeit heraus. Es zeigen sich die acht Lasten des umgeschulten Linkshänders wie Legasthenie, Dyskalkulie, Sprachprobleme, schwache Schrift, Konzentrationsschwierigkeiten, Links-Rechts-Unsicherheit und Blackouts. Der eine Zwilling marschiert erfolgreich durchs Leben. Der andere Zwilling, keiner kann es verstehen, kämpft mit vielen Schwierigkeiten. In der Schule klappt es nicht so mit dem Lesen, auch mit der Schrift und mit der Konzentration gibt es Schwierigkeiten. Manchmal muss sogar eine Klassenstufe wiederholt werden.

Drillinge, Vierlinge, ...

Bei Drillingen verteilte sich die Händigkeit in einem Fall so: zwei aktive Linkshänder und ein Rechtshänder. Bei Mehrlingsgeburten heißt es: Achtung, liebe Eltern! Beobachten Sie aufmerksam die Händigkeit ihrer Kinder, eignen Sie sich das notwendige Wissen an und lassen Sie sich fachkompetent beraten. Vergessen Sie nicht die Kinderfrau. Sie braucht solide Kenntnisse über Linkshänder.

Nicht nur für Eltern, sondern ganz besonders für Pädagogen, Therapeuten und Ärzte ist es wichtig zu wissen, dass bei Zwillingspärchen ein Linkshänder und ein Rechtshänder zu erwarten ist.

Mit den Kenntnissen zur Händigkeit entdecken Sie den linkshändigen Zwilling problemlos in den ersten drei Lebensjahren.

Ist der linkshändige Zwilling von uns Erwachsenen erkannt, fördern Sie ihn wie jeden Linkshänder. Dann entwickelt er sich genauso erfolgreich wie der Zwillingsbruder oder die Zwillingsschwester. Schützen Sie den linkshändigen Zwilling in unserer rechtsorientierten Welt vor Umschulung.

Das Wissen auf den Punkt gebracht

- Bei eineiigen Zwillingen ist immer ein Linkshänder und ein Rechtshänder zu erwarten.
- Nach unseren Erfahrungen ist auch bei zweieiigen Zwillingen ein Zwilling Linkshänder und ein Zwilling Rechtshänder.
- Der linkshändige Zwilling ist schon in den ersten drei Lebensjahren sehr gut zu erkennen.
- Der linkshändige Zwilling muss wie alle linkshändigen Kinder spezifisch gefördert werden.
- Zwillinge sind in ihrem Wesen sehr unterschiedlich, bedingt durch die Dominanz der unterschiedlichen Gehirnhälften, auch wenn sie äußerlich gleich aussehen.
- Auch heute noch wird oftmals der linkshändige Zwilling auf die schwächere rechte Körperseite umgeschult. Es zeigen sich die bekannten Umschulungsfolgen.
- Die Umschulung des linkshändigen Zwillings kann verhindert werden, wenn wir Erwachsenen uns Kenntnisse zur Linkshändigkeit aneignen.
- Bei Mehrlingsgeburten dürfen Sie Linkshänder und Rechtshänder erwarten. Beobachten und begleiten Sie die Händigkeit der Kinder sehr aufmerksam.

BILD NR 20 Eineiige Zwillinge Teil 2: Erkennen Sie den Linkshänder?

Warum sind Hochbegabte oft Linkshänder?

Mitte der neunziger Jahre besucht der achtjährige Ralf meine Praxis. Er ist sportlich, kräftig und sehr dynamisch. Man sieht ihm an, dass er gerne herumtobt. Ein richtiger Junge eben. Mit seinen Klassenkameraden hat Ralf häufiger Stress. Da Ralf erhebliche Rechtschreibprobleme hat, nimmt er an meinem Legasthenie-Unterricht teil. Sein Lesen ist für einen Schüler der dritten Klasse außerordentlich verlangsamt. Seit einigen Wochen trägt er eine Brille, dadurch verbessert sich sein Lesen merklich. Alles was mit Schreiben zu tun hat, möchte Ralf vermeiden. Seine Schrift ist kaum lesbar, beim Schreiben sind extreme Kratzgeräusche zu hören.

Ralf liebt Knobelaufgaben. Bei einem Spiel sollen drei Kreise aus Holz geschickt ineinander gelegt werden. Damit das möglich wird, sind die Kreisausschnitte unterschiedlich lang. Ein Neuntklässler benötigt 4:50 Minuten und ein Achtklässler 3:50 Minuten. Beide sind Gymnasiasten. Und Ralf? Seine Augen leuchten bei solchen Herausforderungen und er beginnt. Dann ruft er: „Fertig!" Unglaublich! Fünfzig Sekunden. So schnell war noch keiner!

Nachdem Ralf eine neue Rechtschreibregel erlernt hat, wiederhole ich diese 14 Tage später im Unterricht. Er sagt zu mir: „Warum fragst du mich? Das hast du mir doch neulich schon erklärt." Ralf zeichnet sich durch sein schnelles Lernen aus. Hat er eine Grammatikregel richtig verstanden, ist sie normalerweise gleich für immer auf seiner „Festplatte" gespeichert. Warum also soll er diese noch einmal wiederholen? Zum Lösen der Aufgaben nutzt er sein bildhaftes, räumliches Vorstellungsvermögen wie im Rätsel mit den Holzkreisen. Dafür ist die rechte Hirnhälfte wie geschaffen.

In den folgenden Wochen stellt eine Diplom-Psychologin Ralfs Hochbegabung im mathematisch-logischen Denken mit einem Intelligenzquotienten von 135 fest. Zudem wurde eine Frage beantwortet, die schon seit den ersten Lebensjahren offen geblieben ist: Linkshänder oder Rechtshänder? Nach der Testung kann ich bestätigen: Ralf ist Linkshänder. Daraufhin erlernt der Junge das Schreiben mit der linken Hand. Insgesamt macht Ralf in den folgenden Monaten großartige Fortschritte.

Am Ende der vierten Klasse soll er unbedingt zum Gymnasium wechseln. Ich bin sehr skeptisch, denn Ralf fällt es nicht leicht Ordnung zu halten; er steckt Rückschläge nur schwer weg und hat noch immer erhebliche Probleme mit der korrekten Rechtschreibung. Ralfs Familie kann die schulischen Aufgaben kaum unterstützen. Am Ende der fünften Klasse muss Ralf zur Realschule wechseln. Am Gymnasium ist er den Anforderungen insgesamt nicht gewachsen. Ein Lehrer am Gymnasium ist jedoch von seiner Leistungsstärke überzeugt. Es ist der Mathematiklehrer. In seinem Fach schafft Ralf ganz locker eine Zwei. Dieser Lehrer stellt zum Beispiel den Fünftklässlern jedes Jahr eine Knobelaufgabe. Ralf ist seit vier Jahren der erste, der sie knackt.

Die überragenden Stärken der Hochbegabten liegen in der rechten Hirnhälfte

Hochbegabte verfügen oft über eine hohe Leistungsfähigkeit ihres Gehirns. Die herausragenden Stärken liegen in den Eigenschaften der rechten Hirnhälfte.

Hochbegabte

... überdenken Fragen komplexer,
... besitzen eine bildliche Vorstellungsfähigkeit,
... können sehr gut räumlich denken,
... besitzen eine unkonventionelle, kreative Problem-Lösungs-Fähigkeit,
... können Informationen und Gedanken stark vernetzen,
... denken nicht selten visionär.

Wir dürfen ebenso von einer hohen sozialen Kompetenz ausgehen. Einigen Hochbegabten wird ein Mangel an sozialen Fähigkeiten nachgesagt. Das kann auf negative Erlebnisse mit Gleichaltrigen zurückzuführen sein. Hochbegabten wird ihre Zurückhaltung in Auseinandersetzungen oft als Schwäche ausgelegt. Ihr vorausschauendes Denken lässt sie Konflikte lieber friedlich lösen.

Rechtshirnstärke würde Linksseitigkeit bedeuten

Wenn einzelne Bereiche wie Kreativität, Fantasie und ganzheitliches, vernetzendes Denken die herausragenden Stärken Hochbegabter sind, dann drängt sich eine Frage förmlich auf: Ist die rechte Hirnhälfte dieser Menschen auch die dominante Hirnhälfte? Dann ist es interessant und hilfreich, die Frage nach den anderen Eigenschaften der rechten Hirnhälfte zu stellen. Wie sieht es aus mit Farbe, Sozialkompetenz, Willensstärke, Sensibilität, Musik und Rhythmus? Gibt es auch dort Stärken? Wie Sie bereits wissen, stärkt eine dominante rechte Hirnhälfte die ganze linke Körperseite. Derjenige müsste ein Linkshänder sein.

Bill Gates ist der Gründer von Microsoft und besitzt überdurchschnittliche mathematische Fähigkeiten. Das Erkennen komplexer Zusammenhänge und visionäres, kreatives Denken machten ihn zu einem der erfolgreichsten Unternehmer der Welt. Bill Gates ist aktiver Linkshänder. Mit einem großen Teil seines gigantischen Vermögens unterstützt er soziale Hilfsprojekte in der Dritten Welt. Im Jahr 2008 erhalten er und seine Frau Melinda die Ehrendoktorwürde vom Stockholmer Karolinska Institut, das alljährlich auch den Nobelpreis für Medizin vergibt.

Auch Hochbegabte können umgeschulte Linkshänder sein

Bis zum heutigen Tag gibt es viele auf die schwächere rechte Körperseite umgeschulte Linkshänder. In unserer rechtsorientierten Welt sind Hochbegabte meiner Meinung nach von Umschulung der Händigkeit besonders bedroht. Dafür sehe ich drei Gründe:

Erstens können sie Tätigkeiten oft viel früher und schneller als nicht Hochbegabte ausführen. Die wichtigen Zeiger für Linkshändigkeit können Außenstehende nur für eine kurze Zeit oder gar nicht beobachten. So spiegeln sie nur wenige Male oder gar nur einmal die Buchstaben und Zahlen.

Zweitens sind sie häufig sehr anpassungsfähig. Wird ihnen einmal gesagt oder gezeigt, dass sie zur Begrüßung nicht die linke Hand geben sollen, sondern das „rechte Händchen", dann setzen sie diese Information auch konsequent um.

Drittens sind Hochbegabte sehr gute Beobachter und kopieren sehr schnell Tätigkeiten und Rituale aus der rechten Welt. Zunächst haben sie auch keine Probleme damit. Lernprobleme wie Legasthenie und schwache Schrift sind in den ersten vier Grundschuljahren oft nicht zu bemerken. Diese gleichen sie mit ihrer Leistungsstärke aus. Richtig zeigen sich die ersten Schwierigkeiten ab Klasse 5 am Gymnasium oder noch später, wenn der hochbegabte Schüler richtig gefordert wird.

Wächst ein Hochbegabter als umgeschulter Linkshänder auf, zeigen sich bei ihm wie bei jedem anderen umgeschulten Linkshänder auch die acht Lasten des umgeschulten Linkshänders.

Hochbegabte, die umgeschulte Linkshänder sind, haben oft mit Legasthenie zu kämpfen.

Konzentrationsprobleme und eine schwache Schrift machen ihnen gleichermaßen zu schaffen. Auf der einen Seite erlebt sich der Betroffene als leistungsstark, denn kaum ein Mitschüler kann ihm in Mathematik das Wasser reichen, auf der anderen Seite hat er eine schlechte Schrift und macht bei vermeintlich leichten Wörtern Fehler. Eine Erklärung dafür gibt es für ihn nicht. Das beeinflusst sein Selbstbewusstsein.

Erwarten Sie Linkshänder bei den Hochbegabten

Das Erkennen und Fördern hochbegabter Kinder genießt heute sehr viel Aufmerksamkeit. Mit der gleichen Aufmerksamkeit sollte für jeden Hochbegabten die Frage beantwortet werden: Linkshänder oder Rechtshänder? Die Chancen, dass ein Hochbegabter ein Linkshänder ist, erscheinen hoch. Wir dürfen auf zukünftige Forschungsergebnisse gespannt sein.

Besonders wenn Sie als Elternteil selbst hochbegabt sind, beobachten Sie Ihren Nachwuchs sehr aufmerksam. Wie jeder andere Mensch auch, wird Ihr Kind es Ihnen wunderbar zeigen, ob es Linkshänder oder Rechtshänder ist.

Das Wissen auf den Punkt gebracht

- Die meisten Hochbegabten denken über die rechte Gehirnhälfte. Hier liegen oft die überragenden Stärken.
- Die Forschungen stecken noch sehr in den Anfängen. Sind Hochbegabte wirklich rechtshirnstark, lässt dies die Vermutung zu: Hochbegabte müssen Linkshänder sein.
- Hochbegabte sind nicht selten umgeschulte Linkshänder. Sie haben dann trotz ihrer enormen Leistungsstärke mit den 8 Lasten des umgeschulten Linkshänders zu kämpfen. Auch deshalb können Schulschwierigkeiten auftreten, bis hin zum Schulversagen.
- Gehen Sie davon aus, dass Hochbegabte Linkshänder sein können. Achten Sie vor allem bei den Heranwachsenden auf die typischen Zeiger für Linkshändigkeit. Hochbegabte lernen sehr schnell und passen sich unserer rechten Welt an.
- In der Geschichte der Menschheit waren einige Universalgenies Linkshänder. So zum Beispiel Albert Einstein, Leonardo da Vinci und Johann Wolfgang von Goethe.

Mit einem Lächeln: Die gesunde Schreibhaltung für Linkshänder

Meine zehn goldenen Empfehlungen

1. Beschäftigen Sie sich mit der Händigkeit des Menschen und Sie werden Linkshänder wertschätzen.

2. Gehen Sie davon aus: Jeder zweite Mensch ist genetischer Linkshänder.

3. Als werdende Eltern und Großeltern brauchen Sie Kenntnisse zur Linkshändigkeit und Rechtshändigkeit.

4. Helfen Sie mit, dass jedes Kind seine angeborene Händigkeit leben darf.

5. Vermeiden Sie jede Form von Umschulung auf die schwächere rechte Körperseite.

6. Benutzen Sie als Linkshänder die speziellen Gebrauchsgegenstände für mehr Lebensqualität.

7. Für umgeschulte Linkshänder gilt: Ziehen Sie in jedem Alter eine Rückschulung in Betracht. Lassen Sie sich fachkompetent begleiten.

8. Im Zweifelsfall überlassen Sie die Testung der Händigkeit einem Profi.

9. Nutzen Sie Lernmethoden, die beide Gehirnhälften trainieren.

10. Generell gilt: Lassen Sie sich nicht „linken".

Bildanhang

BILD NR 22

**Für die gesunde
Schreibhaltung der
Linkshänder ist es nie
zu früh. Der Junge ist
vier Jahre und drei
Monate alt.**

BILD NR 25

**Der saubere Schnitt
gelingt mit der
linken Hand und der
dazugehörigen Schere.**

BILD NR 23

**Auch Erwachsene
können locker,
unverkrampft und
freudvoll mit links
schreiben.**

BILD NR 24

**Erfolgreich durch
Rückschulung auf
die dominante linke
Körperseite.**

BILD NR 26
Schon die leichte
Hakenhaltung
beeinträchtigt das
Wohlbefinden.

BILD NR 27
Die extreme
Hakenhaltung führt
oft zu Verspannungen,
Rückenschmerzen und
Migräne.

Überschrift

.... (zum Schluss schreiben)

Einleitung

.... (1-3 Sätze)
....
....
....

Hauptteil

(je Bild 1- 3 Sätze)

.... Bild 1
....
....
....

.... Bild 2
....
....
....

.... Bild 3
....
....
....

.... Bild 4
....
....
....

Schluss

.... (1-2 Sätze)
....
....

BILD NR 24 **Eine gut durchdachte Gliederung hilft, den Aufsatz zu meistern.**

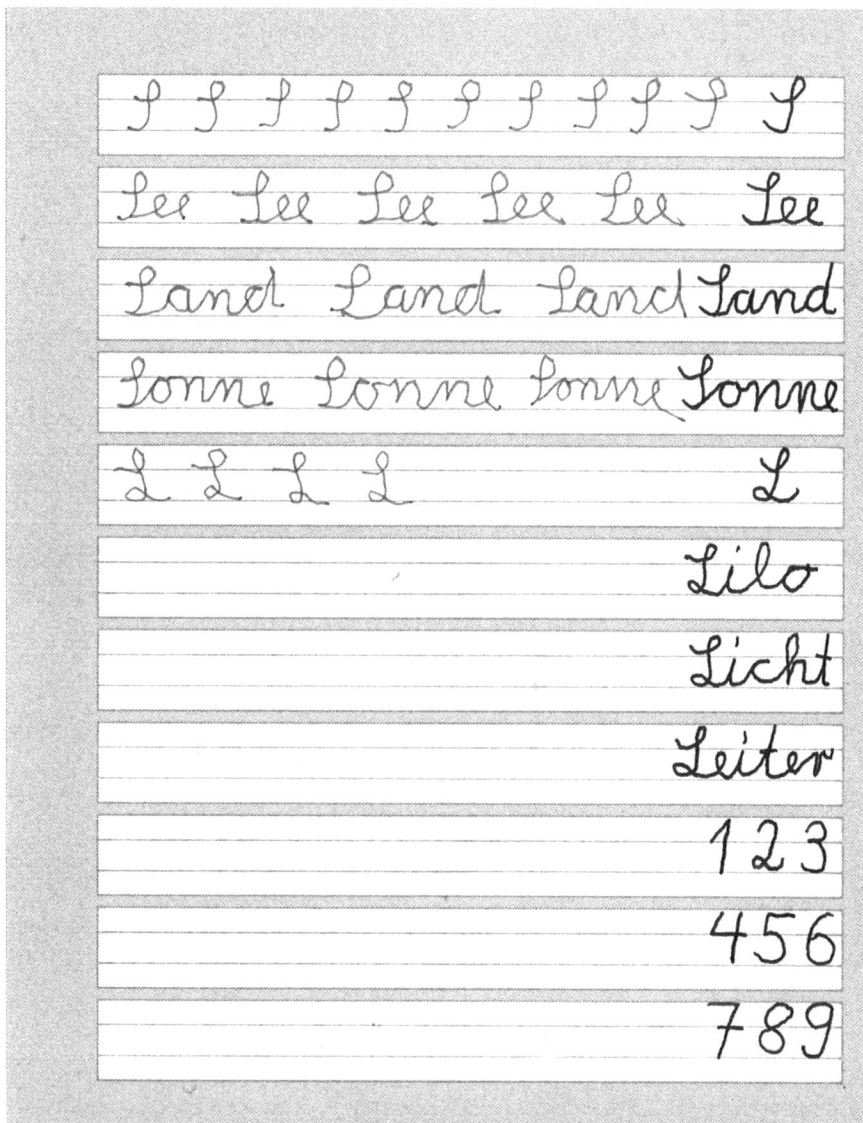

BILD NR 28

Um die Hakenhaltung beim Schreiben lernen zu vermeiden, schreibt der Lehrer die Buchstaben, Silben, Wörter und Zahlen am rechten Blattrand vor.

Literaturhinweise

Buzan, Tony: Kopftraining, Wilhelm Goldmann Verlag, München, 1984/1993

Enzensberger, Hans Magnus: Der Zahlenteufel, Carl Hanser Verlag München Wien, 1997

Meyer, Rolf W.: Linkshändigkeit? Ein Ratgeber, Humboldt-Taschenbuchverlag Jacobi KG, München, 1991

Poedtke, Jörg: Impuls sein – Ich folge dem Fluss meiner Träume, autorenverlag artep, zu beziehen über www.ideenpoet.de

Poedtke, Jörg: KISS – Keep It Simple And Speedy – Ihr Navigations-System für's angemessene Formulieren, ebook als Download über www.kissbook.onoxo.de

Sattler, Johanna Barbara: Links und Rechts in der Wahrnehmung des Menschen, Auer Verlag GmbH, Donauwörth, 2000

Sattler, Johanna Barbara: Die Psyche des linkshändigen Kindes, Auer Verlag GmbH, Donauwörth, 1999

Sattler, Johanna Barbara: Der umgeschulte Linkshänder oder der Knoten im Gehirn, Auer Verlag GmbH, Donauwörth, 2003

Sattler, Johanna Barbara: Das linkshändige Kind in der Grundschule, Auer Verlag GmbH, Donauwörth, 2010

Sieler, Wolfgang: Rechte Hand und linke Hand?, Volk und Wissen, Volkseigener Verlag Berlin, 1984

Weiss, Walter M.: Islam, Dumonts Handbuch, DuMont monte Verlag, Köln, 2002

Zips, Martin: Linkshänder, Tomus Verlag GmbH, München, 1997

Bildnachweise

Alle Fotos in diesem Buch sind von Frank Steinkopf, außer:
Abb. 3 Nicole Effinger–Fotolia.de, Abb. 4 Sundikova-Fotolia.de,
Abb. 6 Michael Kempf–Fotolia.de, Abb. 7 Anja Greiner Adam–Fotolia.de,
Abb. 8 somenski–Fotolia.de, Abb. 9 Eskimo71–Fotolia.de,
Abb. 13 panther-foto–Fotolia.de, Abb. 14 Sergey Lavrentev–Fotolia.de,
Abb. 15 Maya Kruchancova–Fotolia.de

Danksagung

Dieses Buch konnte nur entstehen, weil viele Menschen in ganz besonderer Art und Weise mitwirkten.

Mein besonderer Dank gilt meinen Eltern. Durch ihren Einfluss und ihre Liebe wurden mir Werte und Einsichten mitgegeben, die meinen Lebensweg bis heute prägen.

Meine beiden erwachsenen Kinder haben mich Linkshändigkeit mit allen Facetten hautnah erleben lassen. So war diese Problematik stets allgegenwärtig und ein Motiv, dieses Buch zu schreiben.

Meine Lebenspartnerin Marion unterstützte in den vergangenen Monaten die intensive Arbeit an meinem Buch. Sie hielt mir nicht nur den Rücken von den alltäglichen Belastungen frei, sondern entwickelte sich zu meiner besten und wichtigsten Kritikerin.

Das Team meiner lerntherapeutischen Praxis entwickelte und sammelte über Jahre sachdienliche Anregungen. Elke Laaser meisterte alle organisatorischen Herausforderungen. Mit Kaffee und selbst gebackenem Kuchen unterbrach sie zur Freude aller Mitarbeiter intensive Arbeitsphasen. Dagmar Attiche wirkte maßgeblich an der Entstehung des Kapitels zur Hochbegabung mit.

In dieser vorliegenden Form konnte das Buch nur entstehen, weil Freunde, Bekannte und am Thema besonders Interessierte Beobachtungen, Bildmaterial und Erlebnisberichte zur Verfügung stellten.

Die AOK Schleswig-Holstein schuf dem Thema Linkshänder eine Plattform und trug maßgeblich dazu bei, dass viele Menschen für Linkshändigkeit sensibilisiert wurden und werden. Für die ausgezeichnete Zusammenarbeit möchte ich hier stellvertretend Thies Kroll nennen.

Dieter Lensch danke ich für seine langjährige unternehmerische Beratung.

Meine Freunde Johann Peter Franzen und Thomas Wolfram unterstützten durch viele Ideen, kreative Gespräche, kritische Worte und ausgezeichnete Vorschläge.

Außerordentlicher Dank gebührt meinem Lektor Jörg Poedtke. Er unterstützte mit viel Geduld und Beharrlichkeit die Entstehung dieses Buches – eine Symbiose aus Inhalt und Form.

Frank Steinkopf